三魚文化

臺灣味道

焦桐 著

目次

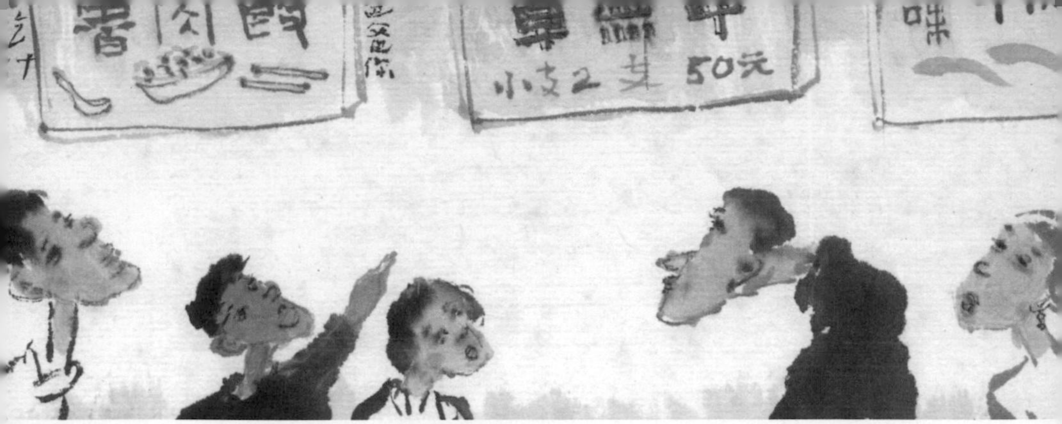
小支2支 50元
味

序

焦桐

大部分臺灣小吃源自經濟貧困的年代，經濟地位和生活條件型塑了克勤克儉的飲食文化，這種文化帶著頑固的模式，保守、重複、停滯、簡陋而古樸，我們通過飲食的審美活動，能輕易領略古早的年代，諸如古早的食物，古早烹調方式，古早的用餐氛圍，古早的飲食習慣。

在後現代情境中，充斥著對當下的懷舊；古早，是懷舊的符碼。現在很多店家標榜「古早味」，然則古早味是什麼？

古早味最明顯、基本的意涵是世代相傳的東西（traditum），它因為被人們喜好而風行而流傳，那是一種經驗的累積，復點點滴滴被修飾過，成為普羅大眾接受的作法、滋味。

我們可能並不知道最初的創造者姓啥名誰，也可能張冠李戴，附會某種傳說在某個名人身上。人們長期吃它，談它，視它為生活中的理所當然。

然則我們並未或總是生活在古早時代，怎麼會知道彼味為古早？此味又如何不古早？古早並非特定的存在，我們彷彿耳熟能詳的古早味，其實是對古早的想像和模擬。古早味是現存的過去，是當下的一部分。

古早味是一種態度，它崇尚自然。

許多美好的事物都在過去的掌心中。像亨利．佳葉（Henri Jayer）有「勃艮地葡萄酒之神」、「勃艮地傳奇」、「二十世紀最偉大的天才釀酒家」美譽，素以傳統的方式栽種葡萄、釀酒，他強調「我只釀造天然的葡萄酒」，避免用化學肥料，連堆肥的用量也極謹慎。採傳統「低溫浸泡法」（在低溫涼爽的早晨摘葡萄，並噴灑冷水在裝滿葡萄的木桶裡），小心使用亞硫酸（避免浸泡中的葡萄發酵）。他所釀的葡萄酒，既使存放多年，也能保持華麗而深邃的風味。他的釀酒美學影響深遠，越來越多釀酒師效法這種「自然派」的古法。

我們對食物的回憶總是摻進了思緒和感情，法國「廚神」亞倫．杜卡斯（Alain

Ducasse）自述其烹飪藝術在表達風土人情的景緻，以及喚起對海洋的回憶，傳遞各種沐浴在陽光下植物的芳香，他認為烹調藝術是「一場發現之旅，其中包含了穿越時空的邂逅，對抗遺忘的故事」。

我們都在過去的掌心中，無論小吃攤或餐館，我們信賴的，往往是那些經營數十年以上的老招牌，歷經時間的淘選、考驗仍屹立著，品質肯定不差。

古早味為當地人的情感所認同，尋找古早味，彷彿尋找初戀情人。

當懷舊成了消費產品，許多人遂開始販賣懷舊，消費懷舊，諸如紅磚牆壁、柑仔店的小玩意、竹編提籃、舊式腳踏車、簑衣、麻布袋、黑膠唱片……等等往昔農村物件，俱成了懷舊符碼。「水龜伯古早味」這家冰品店，標榜「三十年代古早冰重現江湖」，賣的是復古風味——製冰時添加香蕉油，通過那特殊的香甜味，勾起中年人對清冰的鄉愁。

臺灣餐飲可謂傳統中國、美國、日本的綜合體，這是文化雜交之後所衍生的混血菜。混血總是美麗的，檳城、馬六甲、澳門都混得很兇，很快樂。臺灣也很有條件混。

我最害怕聽到政客講主體性，這個主體性，那個主體性，主體到最後，消滅了各種可能。政客操弄意識形態，食物消解意識形態，廖炳惠在《吃的後現代》有一段饒富趣味的論述：

臺灣的後現代飲食可說是充分發揮了漂泊離散（diaspora）的面向，來自不同族群的人士，不管是臺灣人、新臺灣人，或是來自中國各省的人士，以不同的歷史經驗，組構出非常混雜、無法達到共識的認同結構。在如此錯綜、互相角力，而有時又能產生某種協商的可能性之情況底下，食物變成是彼此連繫和鞏固認同相當重要的後現代方式和元素。

因此，在臺灣的大小街道裡，強調認同的意識形態，有些時候到了飲食店就可以拋棄開來，只講閩南話的本土人士，有時也會去吃中國菜或江浙菜，他們在許多元素上受到外來食品的影響，無法真正實踐所謂的本土化。而許多主張統一完全無法認同臺獨的人士，在家裡也常吃臺灣本土料理。這種錯亂的現象，可以說是臺灣在邁向多元文化和族群交錯（cross-cutting）的狀況裡，非常豐富而又刺激的面向。

這幾年臺灣越來越多標榜Fusion的餐飲，主要受到法國、日本料理的啟迪，他們廣泛運用機器，如果汁機、調理機；也越來越重視盤飾，我們明明吃臺菜，呈現方式卻恍如西餐或日本料理。經營型態則採套餐形式，中西元素合璧，配酒服務也進入了中餐館。

傳統小吃不時興這一套。

最能代表臺灣主體性的，莫非風味小吃。臺灣特色飲食以小吃為大宗，小吃大抵以寺廟為中心而發展。先民離鄉背井來臺，自然需要到寺廟拜拜祈福，人潮漸多，香火漸旺，廟埕乃成為市集，廟前小吃經歷代相傳，蒂固為人心依賴的老滋味，爐火旺盛。以小吃聞名的臺南市到處是廟宇道宮，小吃乃圍繞著這些寺宮集中，諸如祀典武廟、大天后宮、開基靈祐宮、水仙宮、普濟殿、保安宮、北極殿、天壇……

規模龐大的士林夜市即發展自慈誠宮，此宮乃國家三級古蹟，當年淡水、金山、唭哩岸一帶漁農產品連夜翻山運來，在此作為交易地點，由於交易時天未破曉，燈火隱約，人稱「鬼仔市」。此外，諸如基隆奠濟宮前，金山開漳聖王廟前；臺北天師宮、媽祖廟附近的延三夜市，大稻埕慈聖宮前，萬華龍山寺附近，景美集應廟一帶；新竹城隍廟前，大甲鎮瀾宮附近，鹿港天后宮、龍山寺周圍……莫非如此。

先民移墾臺灣，往往是獨自漂洋過海，離鄉背井的人不免缺乏安全感，加上當時醫療水平低落、治安不靖，更強化了神鬼崇祀的心理。他們通過祭品，祈求神鬼庇祐，《安平縣雜記》載醮典時祭品頗為豐盛，「羅列廟前，以物少者為恥」。

小吃幾乎都是路邊攤起家，即使已經拓展為頗具規模的店面，猶帶著路邊攤性格。我們品味一道古老的菜餚，彷彿在品味一段逝去的歲月，一段令人懷念的歷史痕跡。

有些前瞻的經營者，戮力改善服務、用餐環境、衛生條件，更在畜牧業、農業、食品工業展現了老老實實的美學手段，如「自然豬」、「合鴨米」、「天籟鴨」。宜蘭寒溪村「不老部落」採自然農耕法，不僅雞鴨鵝放山，蔬、果、小米也都遠離農藥和化肥，像部落裡的野育香菇，用古早的方法培育，所需時間數倍於人工催生的香菇，論外貌氣質，論口感芳香，都遠非藥物所催生的俗菇所能望其項背，那是一眼就令人雀躍的食物，現採現烤，一輩子都難忘的多汁美味。

又如熬湯，傳統的高湯一定得老老實實用禽畜的肉、骨或水鮮熬製，不胡亂添加人工調味料，誠如西諺所云：「欲煮出一鍋好湯，必須鍋子先微笑」。現在有很多掌勺的人「拜了味精做師傅」，以為有了味精就會燒菜，任何東西都加味精，真是我們生活上的災難。

臺灣料理多依賴味精，尤其小吃攤，好像沒有味精就不會煮湯，魚丸湯、海鮮湯鮮少用魚骨熬製，整包味精就習慣性地倒入鍋中，形成頑固的集體怠惰，很令人洩氣。

一九二〇年代，日本科學家菊苗池田從昆布海帶中，分離出鮮味（うまみ）核心的穀氨酸（glutamate，高蛋白質食物中的一種氨基酸）分子，遂發明了廉價提取穀氨酸的方法，通過結晶獲取穀氨酸鹽，即味精（MSG），並創辦世界首屈一指的人造鮮味劑公司：味之素公司。味精是通過對酸進行水解的方法所製造，自然是化學物品，從前叫「化學調味料」（かがくちょうみりょう），現在較常說「旨み調味料」（うまみちょうみりょう）。

味精很快風靡全球，尤其是華人，可說是味精最忠實的擁護者。一九七〇年代，出現了一種「中國餐館徵候群（Chinese Restaurant Syndrome）」，具體症狀是，人們吃下大量的味精後，出現麻木、心悸、頭痛、腹痛等過敏反應。極端的反例是日本無賴派作家太宰治（1909-1948），愛吃味素幾近信仰，他吃飯曾把鮭魚罐頭加進飯碗，上面灑滿味素。

味精也許不那麼嚴重，可味蕾習慣味精者，對天然食物的香味會麻木不仁。有些廚子炒飯時竟也亂撒味精，殊不知甜味、鮮味皆可從配料獲取，諸如玉米粒、青豆、洋蔥、胡蘿蔔等等。

不過日本料理在臺灣，是臺灣飲食國際化最早的痕跡，如今已內化為臺灣的傳統味道。最初是臺灣人在日本殖民統治下，學習上流社會的生活方式，慢慢發展出不和不漢的料理形式。像「韭菜柴魚」，用新鮮韭菜搭配柴魚片和日式醬油，簡單而生動；又如「龍船生魚片」，亦融合了和漢料理形式，一艘龍船滿載著各種海鮮：龍蝦、生魚片、牡蠣、透抽、扇貝、干貝、牡丹蝦、帝王蟹、海菜……船上還有乾冰營造氛圍，生猛有力的臺灣味。

臺灣四面環海，型塑了臺灣的海洋性格，和生活上的海洋食材，「五味章魚」是典型的臺灣料理：現撈章魚氽燙，切片，蘸五味醬。食材方面，「東港櫻花蝦」俗名「花殼仔」，全世界只有東港海域和日本靜岡縣駿海灣有。

臺灣居民大多移自福建，清淡偏甜的福州菜，和油鹹的閩西菜，自然參與建構臺灣味道的基調。閩南菜尤其是主調，它重視佐料，也常以中藥材入菜，如「藥燉排骨」、「當歸土虱」、「燒酒雞」等等。

在臺灣發展出的風味小吃中，許多兼具主食、菜餚、點心的功能，諸如大腸煎、豬血糕、鱔魚意麵、大腸蚵仔麵線、蚵仔煎、當歸土虱、炒米粉、鹹粥、筒仔米糕之屬，皆帶著庶民性格。

另一項顯然可察的特色是，臺菜中常見的外在形象是湯湯水水，食物泡在羹湯中，既吃固體也喝湯，一舉兩得。諸如佛跳牆、菜尾湯、鼎邊趖、紅燒鰻羹、魷魚羹、生炒花枝、四臣湯、肉羹、豬血湯、魚丸湯、白湯豬腳……

在物資缺乏的年代，臺灣鮮有餐館，親朋好友來訪，通常到酒家宴請，酒家即是高級餐館。很多酒家大量使用罐頭，或佐餐或調味，如「三文魚」罐頭，三文魚是鮭魚的英語諧音，其實這種罐頭多為茄汁鯖魚。此外，酒家經常使用乾貨，如香菇、魷魚，「魷魚螺肉蒜」即是。另外「鹽酥蝦」、「排骨酥」這類下酒佳餚，也是酒家菜典型。

臺菜多油炸品，前述鹽酥蝦、排骨酥之外，紅糟三層肉、雞卷、蝦卷、爆魚、爆肉、炸白鯧、炸溪哥都是，景美「義興樓」營業已超過一甲子，屬老式臺菜，「炸卜肉」、「金錢蝦餅」都很好吃，「炸卜肉」即爆肉，麵衣較一般薄，裡面那塊里脊肉又甜又彈牙；「金錢蝦餅」外形像一個大硬幣，是個頭迷你的臺式蝦餅，內餡是將鮮蝦剁碎，綜合了荸薺、三星蔥，一口咬下去，流出美味的湯汁。「香酥鴨」、「雞捲」等炸物也都非常美味。

臺北迄今仍堪稱中華料理的火車頭，尤其餐館的經營更與時俱進，我在〈論餐館〉中曾盛贊「食養山房」：這家園林式的餐館，它原先在北宜公路上，後來遷移至陽明山「松園」內，園內有瀑布、山澗、亭台樓閣隱在花草樹木間。我們在這裡吃飯，常可看見山嵐湧泉般在屋外升起，白雲也適時像飛瀑從山稜瀉下，氣勢壯闊。

充分借景又快樂融合室內布置，將起伏的山巒，和草木、白雲等自然美景通過窗框和竹簾，巧妙轉成餐館景緻。竹簾、原木長案、燈籠、陶甕、榻榻米構成了室內布置的基本元素，壁上掛了許多程延平的字畫，桌面點綴一些宣紙、松果、燭光。「食養山房」可謂人文風景的舞臺，演出宋代的文人美學。空間只用竹簾區隔，卻絲毫不見嘈雜，大家不約而同放低了音量，彷彿一切都緩慢了，時間變得悠長。

食養山房的菜式表現創新的宜蘭風味，是臺菜內涵用懷石料理的形式，自家研發的「山泉豆腐」清純，潔白，細緻，綿軟，滑嫩，用一點點醬油、芥末提味，以清淡之美帶領顧客進入套餐。每次有外國友人來訪，我歡喜帶來這裡吃臺菜，那頓飯總是令主人很有面子，令客人難忘。

我試著用數十種食物來描述臺灣，姑且稱之為臺灣味道，味道滲入了中華料理全部的菜系，和日本、美國乃至法國義等元素，還有來自海洋的召喚。

藝術家李蕭錕為《臺灣味道》繪製封面、內頁插圖、題字，可口了所有的文章，也使這些臺灣食物增添了拙趣和古樸美。為了體貼對飲食充滿熱情的讀者，本書所推薦的吃食資訊，放在每一篇文章後面，和書末附錄。

二〇〇九年十二月二十一日

醬油膏

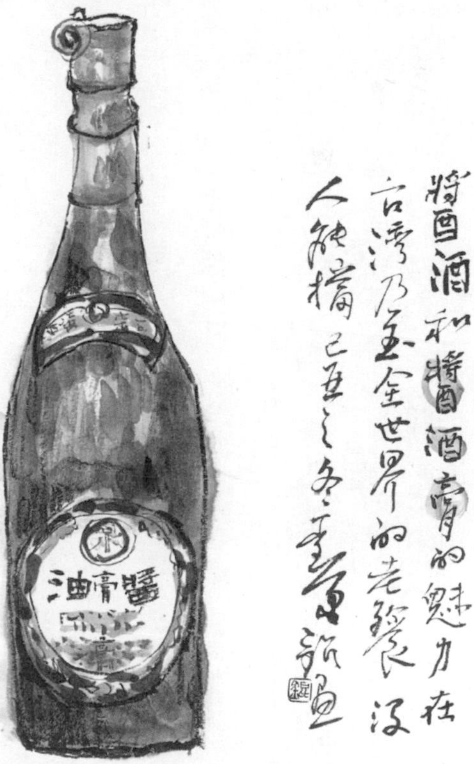
醬油膏
醬油和醬油膏的魅力在
台灣乃至全世界的老饕沒
人能擋

最近季季送我一瓶她家鄉的名產「螺王」醬油膏，風味甚佳。這種醬油膏倒出來時，散發醇厚的鮮香味，汁稠味濃，色澤烏亮魅人，遠非等閒醬油可比。感動之餘，想用來烹製菜餚，遂設計了一套以醬油為主題的午宴，邀幾個朋友來家裡品嚐。

我出示醬油膏，楊牧和陳芳明都說是的，從前有人饋贈過，印象深刻。可見這東西幾十年來一直是時尚禮品。

這次杜撰的「醬油宴」菜單包括：酪梨番茄拌醬油膏，白斬雞，滷味拼盤，白灼豬頸肉，烤雜蔬，烤鮭魚首，烤自然豬腩排，啤酒鴨，東坡肉……有的用醬油入菜，有的氽燙後蘸醬油膏，吃得大家滿嘴醬香，連深諳廚藝的王宣一、詹宏志、夏盈盈都贊美，令我虛榮心完全得逞。

臺灣醬油素以西螺最出名，所謂「醬油的故鄉」，據說乃得利濁水溪的甘泉，水質富含礦物質和微量元素，有效和空氣中的微生物發酵。西螺醬油有三大品牌：丸莊、瑞春、大同。其中以丸莊的知名度最高，當地人卻最歡喜瑞春的醬油，我自己亦然。這三家醬油公司都強調古法釀製，標榜不添加防腐劑、色素，屬純釀造醬油。

純釀造方式就是豆麥（常見的是黃豆、黑豆、小麥）原料和麴菌經過較長時間的發酵，將蛋白質分解成胺基酸，不加任何化學物質調味處理，天然熟成。這是誠懇製造醬油的辦法，流程既繁複，自然較費工時，成本也提高。

好醬油的條件不外乎上等的豆麥原料、優質清水、好陽光曬製，令它天然發酵，千萬猴急不得。許多市售醬油添加亂七八糟的化學物質，求其速成、量產，徒然摧毀我們對醬油的美感經驗。

於是許多食品標榜「遵古法」製造，從前我不免迷惑，食品科技一直在進步，現代食品不是應該比古代更文明更美味？豈有強調以古人為師的道理？

原來文明的演進並未使我們的生活更文明，或更安全可靠。我猜想是工業革命型塑了人們快、夥、廉的價值觀，機械化、標準化、集中化的一貫作業，大規模量產保證了市場利潤，幾乎將手工產業摧毀殆盡。

然則世間許多事跟愛情一樣，是急不得的。例如製造醬油，其流程大抵先燒煮豆麥，經自然發酵成麴，再用煮原料的汁液拌麴入缸做醬醅，經數月日曬熟成。

各地釀造方法、配料不同，也多各自有獨特的菌種，釀出來的醬油風味殊異。以「螺王」為例，它用黑豆為原料，煮熟後放在竹盤上風乾七天，讓自然產生的麴菌完美成熟，再滌去外皮的菌絲，消除霉味。洗滌後的黑豆加鹽放入甕中，封甕，日曝一百二十天以上，當黑豆自然發酵、分解後，取出壓榨，再蒸煮調味，殺菌裝瓶。這種製造醬油的標準作業程序，如今卻鮮少人這樣老老實實地製作了。

醬油出現於漢代，自古以來，此物連接了華人的生活經驗和集體記憶，我很難想像生活中缺少了醬油將多麼乏味。醬油能改變菜餚的口味和色澤，這種調味料的任務是生香、著色、增鹹，美化平庸的食材。

臺灣從五〇年代到七〇年代，豬油加醬油膏拌飯是最樸素的美食，窮人的奢華。醬油不妨用來烹製美饌，醬油膏則多當作蘸料。特別是白汆的食材。清代美食家李漁以吃筍為例，說最美的吃法是「白烹俟熟，略加醬油」。李漁比現代人高明，臺灣大部分餐廳煮好竹筍時多淋上美乃滋，噁心極了。

優質的醬油膏隨便蘸什麼都好吃，爽口，開胃，葷食如五花肉、白斬雞；素食如竹筍、山蘇，它含蓄地襯托食物，像一個謙遜而智慧的女子退居幕後，成就她很平庸的另一半。

有時我會煮一鍋蔬菜湯，食材如杏鮑菇、香菇、洋菇、花椰菜……這些煮湯的蔬菜或蕈類，其甘甜其實都跑進湯了，食之乏味，棄之又不免可惜；這時候醬油膏賦予它們新生命，蘸著吃是另一番滋味，令老去的容顏煥發光彩。

季季在〈西螺追想曲〉中回憶許博允吃德國豬腳：「他一邊在德國豬腳上淋了一圈醬油膏，一邊不斷的點頭說，是，是，這個德國豬腳，淋上這個醬油膏，味道更好！」許博允家是淡水望族，自幼跟祖父出入劇院、酒家，對美食和藝術耳濡目染，自然是品味非凡，這種吃德國豬腳淋醬油膏的創意，源自祖父對「螺王」的迷戀，可見「螺王」在饕家的心目中早就奠定了鞏固的地位。季季以故鄉的醬油膏為傲是容易理解的，她大概常帶著「螺王」作伴手禮，搞得吃過的聶華苓、白樺、梁冬為它神魂顛倒，懷念不已。

懷舊其實是一種無奈的挽留。法國「廚神」亞倫．杜卡斯（Alain Ducasse）認為烹調藝術是「一場發現之旅，其中包含了穿越時空的邂逅，對抗遺忘的故事。因此我們四處走訪小鎮，踩遍市集找尋稀有的材料，跟鍾愛美好蔬菜和鮮嫩家禽的農夫話家常，為保存優良文化、充實既有傳統而努力，讓享受美食的方式更加豐富」。

好醬油回味悠長，「醬油宴」之後的翌晨，我猶感覺那醬油膏的香氣纏綿在口舌間。它的味道強烈，有時還透露出嚴厲的表情；然則強烈中又不乏細膩，品嚐它，彷彿品嚐大地的精華，嘉南平原的沃土和氣候，濁水溪甘美的泉水。它是法文「地華」（terroir）的具體表現，也令我對臺灣的醬油工藝學充滿期待。

綠竹筍

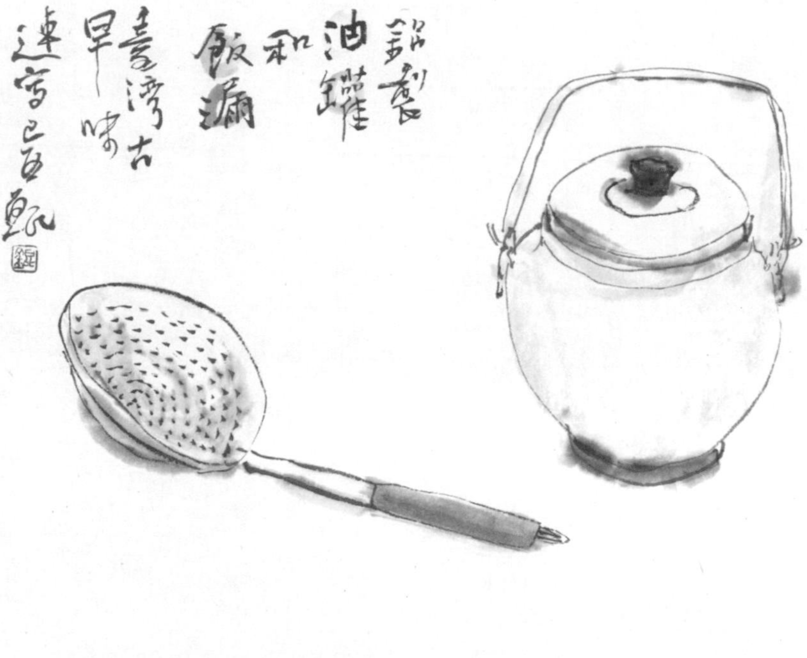

竹筍有一種特殊的清香，又裨益健康，能治高血壓、高血脂、高血糖，而且對消化道癌及乳腺癌有一定的預防作用，自古被視為山珍。臺灣頗有一些好筍——花蓮光復的箭竹筍，頭城、南澳、烏來和桃竹苗一帶的桂竹筍，觀音山、三峽、平溪的綠竹筍，嘉義大埔的麻竹筍，阿里山的轎篙竹筍……其中我尤偏愛綠竹筍。

綠竹筍在氣溫高時成長較快，其產季彷彿一場由南而北的接力賽：屏東（長治），臺南（歸仁、關廟、佳里），竹苗（竹東、寶山、三灣、獅潭），觀音山（八里、五股），陽明山（士林、北投），中央山脈（從三峽、大溪、復興延伸到新店、木柵），一路傳遞，臺灣人從一月到十月都有筍吃。

北部的綠竹筍尤其美味。觀音山山腹遍布竹林，每年五月至十月盛產綠竹筍，口感如水梨。優等的綠竹筍狀似牛角，筍身肥胖，彎曲，筍底白嫩無纖維化、顏色均勻無褐化，筍殼光滑，略帶金黃色澤；較劣的綠竹筍形如圓錐，外殼略呈褐色，尾端出青。

處理竹筍，最重要的是迅速保鮮，以阻止其纖維之老化，挽留細緻清甜的質地。「臺灣廚神」施建發教我煮竹筍的秘訣——在能滿溢筍的水裡先擱入米，煮沸後才放進竹筍，不蓋鍋蓋，以免味道變苦，煮一小時，讓鍋裡的筍持續浸在水裡自然冷卻，再置入冰箱冷藏2小時。這些動作不僅使竹筍的色澤如鮑魚，竹筍的纖維也因而充分吸收了粥水而口感更好。岳父70大壽時，家族聚餐就擇定阿發師經營的「青青餐廳」，吃過青青餐廳竹筍沙拉、竹筍雞的人，無不贊美。

綠竹筍料理變化無窮，可煮可蒸可烤可焗可燜可燉可炒可拌可煸可燴可燒，可當主角，也可跑龍套；能獨當一面，也能扮配角，和肉、魚、蛋、豆、蔬為伍。其呈現形狀有絲、片、塊、條、丁，無一不可，入菜的姿態可謂風情萬種。

除了清烹，竹筍也適合葷治。例如東坡肉。東坡肉的秘訣並非表象的「少著水，柴頭罨煙焰不起」，慢工細火只是基本動作，我試驗過，正宗而好吃的東坡肉不能缺少酒和竹筍，酒能有效提昇肉質，竹筍則吸收豬肉的油膩，又釋放自身特殊的清香。

現在很多餐廳學得皮毛，便也大膽地賣起東坡肉。其實略懂皮毛不要緊，只要讓肉、筍、酒三者合奏，並不致於差太遠，壞就壞在蠢廚自作聰明——有的只會在切割方正的豬肉上綁草繩，用政客的表面功夫來侮辱食物；有的擱了過量的冰糖或醬油，作風魯莽；有的竟用太白粉勾芡，看起來就像失敗的腐乳肉……

李漁對食物的評價是蔬勝過肉，肉又勝過膾；竹筍，則是蔬食第一品，「肥羊嫩

臺灣古早味瓷繪陶影瓷茗杯架已亥之秋吉日李蕃澄連澄

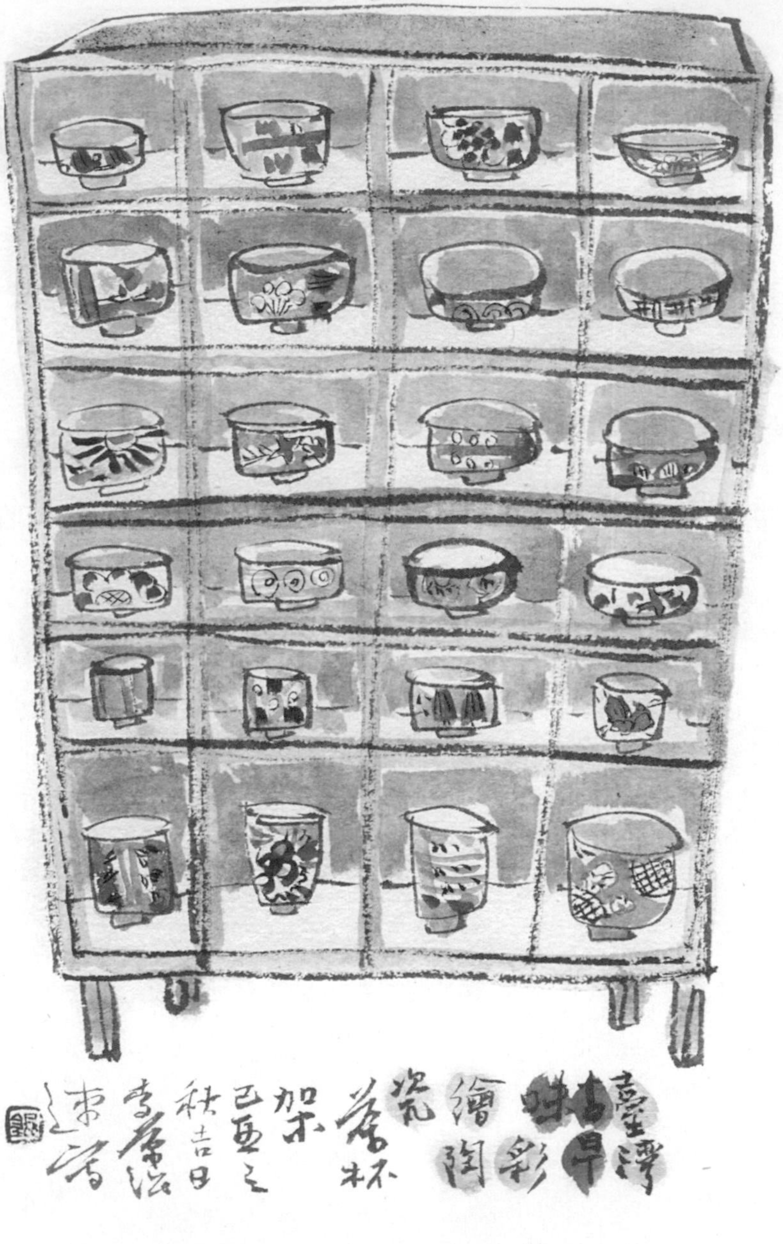

豕，何足比肩」。他有一段竹筍葷治的辯證很有見解：

> 牛羊雞鴨等物，皆非所宜；獨宜于豕，又獨宜於肥。肥非欲其膩也，肉之肥者能甘，甘味入筍，則不見其甘，而但覺其鮮之至也。

李漁這段話可以佐證東坡肉的燒法，應該列為廚師的座右銘。先人吃筍的歷史可追溯到西周，《詩經‧韓奕》敘述韓侯路過屠吧，顯父以清酒百壺為他餞行，「其殽維何？炰鱉鮮魚。其蔌維何？維筍及蒲」，席上佳餚有鱉、魚鮮、香蒲和竹筍，可見竹筍之受重視。

筍的料理方法很多，須注意此物鮮美至極，萬不可令陳味掩蓋壓制，笠翁先生治筍主張：「素宜白水，葷用肥豬」，素吃時「白烹俟熟，略加醬油。從來至美之物，皆利於孤行」。我在外面吃筍最怕見沙拉醬美乃滋覆蓋筍上，筍身沾沙拉醬，宛如美人慘遭毀容，令人扼腕，悲傷。綠竹筍清啖即佳，口味濁重者稍蘸醬油芥末足矣，奈何江湖上這麼多不辨滋味的獃廚，以為胡亂買了沙拉醬就可以上菜，摻入味精就會煮湯。八里

「海堤竹筍餐廳」的涼拌竹筍，用芝麻醬取代沙拉醬，清新可喜。

木柵山區是臺北市最大的綠竹筍產區，產季從端午到中秋，有四個月的時間。近年每當產季開始，木柵農會舉辦綠竹筍生產技術大賽，並備辦一場綠竹筍大餐，菜色均以綠竹筍為主調變化，包括涼筍龍皇櫻桃派、鮑魚全罐拼醬筍、香筍紅棗醋溜魚、竹香蓮子荷葉飯、鮮筍佛跳魚翅盅、烏骨全雞嫩筍鍋、腐腦筍絲繪三鮮、一品綠竹小籠包、紅燒筍塊品元蹄等九道。

我最常吃綠竹筍的所在是老泉里「野山土雞園」，通常是一盤涼筍，一鍋鮮筍菜脯湯。那些筍都是老闆阿俊所植，天未亮他就荷鋤採收，他總是循露水辨位，精確尋找未出土的竹筍。

二〇〇五年我開辦《飲食》雜誌之初，曾經向木柵農會訂了三桌，在「舜德農莊」宴請雜誌的作者。那時候逯耀東教授還在世，我駕車去興隆路接了他和逯師母，一路上央求他擔任社長。他勉強答應任期三個月，之後改掛編輯委員，理由是社長不能投稿。

我學習飲食之道，雖然不見得是逯老師啟蒙；然則我們這一代雅好美食的友人，卻都尊他為師。聚餐時，大家好像忽然間失去了味覺，往往先盯著他看，看他筷夾入口後的表情，再決定如何對待那食物。有次在時報文學獎的決審會議上，堆置的稿件旁擺滿了各種北京小點，大家只顧吃驢打滾、豌豆黃、艾窩窩、芸豆卷、仙楂糕，並未理會冷落一旁的肉末燒餅，逯老師拿起來咬了一口，用眼神示意我趕緊吃，所有人也都注意到他透露美味的眼神了，半分鐘之內，那盤肉末燒餅被搶食得乾乾淨淨。

二〇〇六年，逯老師唐突辭世之後，我邀了一些他生前的吃友，在「永寶餐廳」用吃吃喝喝的方式懷念他，並請黃紅溶演奏巴哈《無伴奏大提琴組曲》慢板樂章和快板樂章。

選擇「永寶」，是因為這是一家很深情的餐廳，也因為逯老師鍾愛這裡的古早菜。綽號「老鼠師」的陳永寶從一九六七年起專營外燴，打響口碑。一九七九年，遂在木柵保儀路立號開設這家餐廳。老鼠師在當年的千島湖事件中遇害，兒女們為了懷念爸爸，接手經營餐廳。第二代掌門人陳欽賜先生完全繼承父親的廚藝，保留古早的辦桌滋味，更不斷研發創新。

又是綠竹筍盛產的季節，如今永寶餐廳已經歇業，如今也只能追憶和逯老師一起在舜德農莊吃綠竹筍、白斬雞、豆腐，喝文山包種茶的夜晚。

青青餐廳

地址：臺北縣土城市中央路3段6號
電話：(02)2269-1127, 2269-6430
營業時間：11:00-22:00

野山土雞園

地址：臺北市文山區老泉街26巷9號
電話：(02)2937-9437, 2939-0648
營業時間：周一至周五16:00-22:00,
國定例假日11:00-23:00

舜德農莊休閒餐廳

地址：臺北縣深坑鄉文山路1段62巷35號
電話：(02)2664-8888, 2662-2952
營業時間：11:00-21:30

海堤竹筍餐廳

地址：臺北縣八里鄉觀海大道28號
電話：(02)8630-5688
營業時間：10:300-21:00

吳郭魚

外公的魚塭裡養最多的是吳郭魚，自然也有不少蝦、蟹、鰻和水蛇，小時候我常在那裡釣魚、游泳，直到目睹一整車水肥傾入魚塭，才結束玩水的童年。那是五〇年代末，吳郭魚還在吃大便。

此魚從前我們叫「南洋鯽仔」，吳郭魚是紀念吳振輝、郭啟彰兩位先生一九四六年自新加坡引進，他們輾轉偷帶回旗津老家時僅存十三尾魚苗，五雄八雌，算是第一代移民，堪稱吳郭魚的祖先。

數十年來，飼育技術不斷翻新，幾番雜交配種，此魚已是臺灣數量最夥的養殖魚，出口到歐美、日本，被稱為「臺灣鯛」。吳郭魚屬慈鯛科，是非洲移民，全世界有一百多種，各地華人對牠的名稱也不一樣，諸如中國大陸叫「羅非魚」，乃原產地尼羅河、非洲之故；香港人則因形似鯽魚而喚「非洲鯽」；馬來西亞稱為「非洲魚」。

吳郭魚價廉而新鮮，可惜魚身有頑固的泥土味，一直上不了大餐館檯面。其實泥土味並非不能拯救，市場的吳郭魚都還活蹦亂跳，買回來以後若能餓養三兩天即能滌除。景美「一味自慢」用豆腐乳加辣椒蒸吳郭魚，的確消滅了泥土味，可惜魚鮮卻不免蕩然。臺電大樓旁邊「醉紅小酌」乾脆選用海吳郭清蒸，成為該店的招牌菜之一。王潤華教授曾盛贊醉紅小酌的清蒸吳郭魚，「酒黨」的定期聚會選在這裡，吳郭魚功不可沒。

我自認是烹調吳郭魚高手，品嚐過「溪洲樓」之後，甘拜下風。石門水庫週遭聚集了許多活魚餐館，幾乎都賣草魚、鰱魚，「溪洲樓」卻以吳郭魚聞名。其實任何魚養在他們家乾淨的魚塭裡，沒有不美味的。

有一天，前中央大學校長劉全生教授興奮地告訴我，「有個親戚說要帶我們夫妻去嚐全臺灣最好吃的魚，到了那裡才知道，原來就是你帶我們去過的『溪洲樓』。」

那次有詩人楊牧伉儷作陪，楊牧去之前也說，他不太吃魚。我知道他嗜雞和啤酒，遂特地請老闆李旭倡弄一隻土雞白斬，還刻意冰鎮半打啤酒。餐後，那盤誘人的白斬雞似乎沒吃幾塊，楊牧竟說：「奇怪，今天竟然吃魚吃到忘記喝啤酒。」

大概阿倡沒事就鑽研廚藝，我去「溪洲樓」鮮少點菜，可端上來的魚料理多半不重複。有一次我問，這糖醋魚塊怎麼啦？味道跟以前完全不一樣。他說不是糖醋魚，是「熏魚」——他用胡椒粉、豆瓣醬和冰糖去熬魚塊。這肯定是突發奇想的產品，絕非湖南名產。蓋湖南的熏魚又叫臘魚，非但切剖法相異，還得經過醃漬、乾燥、煙熏的工序。豆醬煨魚是臺灣古早味，阿倡也常作，每次吃這魚不免發思古之幽情。

現代人越來越重視養生飲膳，可我的經驗是好像越強調健康的食物，通常多很難吃，似乎健康與美味頗為扞格。這實在是天大的誤會，不信請試試溪洲樓的「養生魚湯」，此湯經過兩次加工——先用魚骨、烏鰡熬湯底，令高湯充滿膠質和鈣質；再下枸杞、甘草等多種中藥材燉煮。我多次喝這魚湯，同桌吃飯的人，不曾少於喝三碗者。

「酸辣吳郭魚柳」是冷盤，酸味、辣味和甜味調和得恰到好處，帶著泰式料理的風格，具提醒作用。這道魚柳宜作前菜，喚醒我們的味蕾，引導我們的食欲，迎接一道又一道變化烹飪方式的魚料理。

吳郭魚切成柳還可作成「椒鹽魚柳」。椒鹽適用於軟炸、酥炸類的菜餚，花椒是不可或缺的香料。魚柳炸過之後，加上蔥花、辣椒絲、洋蔥絲襯托，那種酥麻的鮮香，入口即產生愉悅感。

通常我們會將最好的魚作成清蒸魚，因為清蒸最能吃出魚的原味，最能表現魚的鮮美。「溪洲樓」的清蒸魚多用個頭較小的吳郭魚，有時加進漬冬瓜去蒸，有時以破布子、豆豉調味，都彰顯了直截了當的美感。

原味的另一種吃法是鹽烤，溪洲樓的「鹽烤魚」大抵使用三斤的吳郭魚，魚未除鱗，清洗潔淨後只抹上一層厚厚的粗鹽即進烤箱，因此例不吃魚皮。別以為烤魚很簡單，我剛開始在家烤魚，試過幾次總試不出好滋味，遑論要烤到像阿倡的手藝這樣表皮酥脆、裡面多汁的境界。

如果帶小孩來，我建議點食「黃金魚排」。由於材料佳，又仔細烹調，魚排炸出來自然美味，孩子一塊接一塊吃，那饞相好像覺得盤子裡的魚排不夠多，那肥厚的炸魚排總透露歡樂的滋味。讓孩子們品嘗一點優質的油炸物是好的，開啟他們的味覺見識，讓他們明白炸魚排不必像速食店所供應的那麼庸俗。

阿倡也常作「宮保吳郭魚丁」給我吃，「宮保」料理源於清末四川總督丁寶楨，這個貴州人愛吃雞，又曾當「太子太保」，故有這名稱。宮保魚丁當然是沿襲自宮保雞丁，只是將雞肉改成魚肉，沒想到魚丁竟不遑多讓於雞丁。這菜厚重中隱藏著細嫩，光是看盤中的紅辣椒絲、花生、香菜就引人饞涎，入嘴的花椒香又誘引食欲。

另一重口味的料理是「三杯吳郭魚」，係源自三杯雞，乃道地的臺灣名菜，幾乎是鄉野餐館的基本動作。所謂三杯，指的是米酒、醬油、麻油各三分之一杯，加糖、大蒜、辣椒、老薑調味煮材料，待醬汁快收乾，起鍋前加九層塔拌炒即成。

「三杯」料理除了雞，較常見的還有中卷、田雞、豬肉，將魚納入，香氣撲鼻。不過這道菜味道濃厚強烈，上菜次序應安排在後面，以免干擾其它料理的滋味。

可能是天氣漸冷，「麻辣吳郭魚鍋」亦是阿倡新研發的料理。麻辣乃川菜的基本味道，紅油、香油、豆豉、花椒、辣椒均是顯而易見的主要調味料，麻婆豆腐即是麻辣味的代表作。

阿倡的麻辣魚鍋是結合魚生火鍋、麻辣火鍋變奏而來。市面上一般吃的魚生鍋，多使用冷凍鯛魚片，了無滋味。這又回到材料問題，溪洲樓的魚本來就刻意培養，肉質遠非等閒之鯛魚片可比；這種魚生在麻辣鍋中一涮即起，未近嘴就聞到它強力播香，宛如甫出浴的美人，魅力難擋。

溪洲樓

地址：桃園縣大溪鎮康莊路5段242巷3號
電話：（03）471-4878, 471-4879
營業時間：周一休息

醉紅小酌

地址：臺北市羅斯福路3段240巷1號
電話：(02)2367-8561
營業時間：10:30-14:00, 17:00-21:30

虱目魚

大概虱目魚煮的湯會變成乳白色，臉頰亦呈乳白，英文名字叫「牛奶魚」（Milkfish），臺灣人又稱「虱目仔」、「麻虱目」、「安平魚」、「海草魚」、「殺目魚」、「國姓魚」，其身世還連接著鄭成功來臺的傳說。

虱目魚是臺灣最重要的養殖魚類之一，養殖面積最廣、產量最高，可謂南臺灣的家魚。除了生鮮魚貨，另有魚酥、魚脯、魚香腸、魚水餃、魚露、魚冰棒……等加工品。

小時候去旗津海水浴場游泳，常見漁民在海灘捕捉虱目魚苗，那小小的魚苗呈透明狀，肉眼難辨，魚身僅見兩隻眼睛和中間一點，謂「三點花」。如今臺灣的虱目魚養殖技術，舉世第一，已能「完全養殖」虱目魚，不必再辛苦地捕捉；所謂完全養殖，意指從培育種魚、產卵受精、孵化、育苗、養成上市，能夠建立並掌控一系列的養殖技術和管理系統。

虱目魚在臺灣已形成一種文化，帶著親切感，乃一般家庭的尋常菜餚，我的高中時期，早餐往往是一尾虱目魚煮麵線，元氣淋漓，是我生命中最有活力的時期。

臺灣人治虱目魚主要有兩途：一是乾煎，二是煮薑絲清湯。前者常見於臺菜館，後者多在路邊攤。從前，我每天從木柵駕車去羅斯福路時，都先繞到南機場社區吃虱目魚。這裡的虱目魚專賣攤有兩家，全以水煮方式料理，規模較大的那攤標榜「岡山肉燥飯」，約早晨八點開賣；另一攤「台南虱目魚粥」，是邱姓夫婦所經營，約清晨六點半開張，我吃虱目魚半世紀，見識不算短淺，此攤手藝允為全臺第一，猶勝我在臺南的考察見聞。

我通常先吃一份乾魚腸、兩份魚皮湯佐白飯，吃完了再吃一碗魚粥，如果時間不趕，則再加點一碗魚頭湯。我愛極了那清湯，清澈而充滿鮮魚的氣味，很想一口就喝光卻捨不得。魚皮連著薄肉，煮熟後整片捲曲在碗裡，彈牙又無比甘美。

點食率最高的是魚腸，遲到者常無緣享受。魚腸可煮可煎可炸可焗，只要新鮮就美味，一份魚腸實則包括腸、肝、肫等內臟，雖然是路邊攤，邱先生煮虱目魚腸非常精緻、乾淨，他總是專注地摘除膽囊，一份一份地，細心放入小鍋中沸煮，撈起，交給充滿期待的食客，換清水再煮。沒有苦味，毫無任何土腥味，那一絲不苟的態度令人放心，歡喜。臺北人真有福氣，竟能吃到比產地美味的虱目魚。

虱目魚必須當天宰殺當天賣，除了北門、將軍、七股等主產區，外地得致力保鮮功夫。臺南市「阿憨鹹粥」以虱目魚粥為號召，其粥是用魚骨熬的高湯煮生米，即所謂

「半粥」煮法，優點是米粒充分吸收湯汁，饒富滋味；缺點是久煮後的湯汁變米漿，不免顯得褐稠，影響觀感。不過那碗鹹粥真是好吃，裡面的蚵仔和虱目魚肉又鮮又多。

「阿憨」的魚腸新鮮自不在話下，虱目魚皮亦甘美彈牙，不過吃起來和大部分府城料理一樣是甜的，連醬油膏也甜如果糖，我猜想外地人多不習慣那種根深蒂固的甜。影響所及，臺北晴光市場裡的「天香虱目魚專賣店」也用醬油膏作蘸醬，我認為蘸醬還是以芥末醬油為宜，油膏的甜味無端干擾了魚皮、魚肉的甘美。

臺南人治魚皮，有時會裹上一層魚漿，煮羹湯，配油條。虱目魚須絕對新鮮，故攤商大多清早營業，「王氏魚皮」清晨四點營業，「林家魚皮」早晨七點也已開始，這才是正道，早餐嘛應該清早即開賣，吃點虱目魚喝點魚湯才會健康有元氣。臺北的魚攤習慣將魚皮切成小塊，如吉林路「景庭臺南虱目魚」和寧夏路「李家虱目魚」，不過這無關美味。

虱目魚除了腮和膽，全身皆是好材料，都能製成精緻佳餚。由於其尾部和背部多暗刺，對習慣吃魚排的人來講很不耐，魚背肉厚又有點澀口，因此常用來製作魚丸，或煮成魚粥。

我最常煮的魚丸是虱目魚丸，可能也是最美味的魚丸之一，滋味勝過鱈魚丸、西刀魚丸、旗魚丸、鯊魚丸……先用魚骨熬湯，再以濾過的高湯煮熟魚丸，加一點芹菜末、鹽，即是美味；或者，加翠綠的豌豆，色澤和滋味都非常美麗。全世界最厲害的虱目魚丸店在學甲鎮，我們走在學甲街上，到處可見「學甲虱目魚丸湯」招牌，尤其不能錯過的是「永通虱目魚粥」和「廣益虱目魚丸」兩間店。

虱目魚肚油脂豐厚，魚刺少，可謂精華部位。魚肚口感最佳的並非清煮，而是乾煎或三杯，令油脂更香甚至顯得有點酥，許多大飯店的臺菜料理常見乾煎虱目魚肚，成為招牌名菜。我常自己作虱目魚肚，先煎後烤，再刨一點檸檬皮綴飾，並增添風味。

魚頭適合煮清湯，或用漬鳳梨、蔭豉、破布子、醃瓜來滷。清煮最能品出原味；漬滷則甜、鹹、香合奏，相當下飯。我曾專程赴臺中品嚐張北和先生特製的「頭頭是道」，此餚取八個蒸熟的虱目魚頭，並飾以魚尾綴成八卦形，中間擺置了為數極夥的魚肫，那魚唇、臉頰、眼睛、腦髓吸吮入嘴，天空為之一亮。其鮮香膏脂歷經數年猶念念難忘。近十幾年來，張北和先生身體欠佳，難得下廚，不知何日能再領教他的手段？

虱目魚屬熱帶、亞熱帶水域魚類，很不耐寒冷，每年冬天寒流一來，常聽說虱目魚被凍死，每次看到這消息都心疼得要命。農曆六、七月間的虱目魚最肥，臺灣人在中元普渡時用來祭拜好兄弟，可見不僅我們愛吃虱目魚，陰間也愛。

南機場（邱家）台南虱目魚粥

地址：臺北市中華路2段307巷
電話：(M)0921-052172
營業時間：06:30-13:00

阿憨鹹粥

地址：臺南市北區公園南路169號
（忠義路3段底交口）
電話：06-2218699
營業時間：06:10-13:00

自然豬

日人立石鐵臣畫 臺灣
結婚 古習俗
雙喜 和盛物
謝籃 己丑
清夏

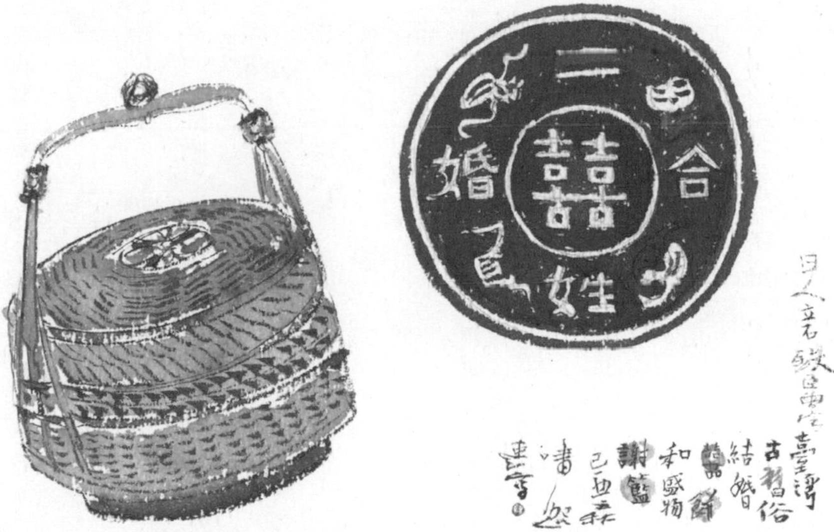

幾個茶人相約品茗，還情商廖英棋來燒菜。英棋是室內設計師，身懷好廚藝，尤其擅烹義大利菜；他說烹飪是紓壓的方式，每當工作壓力太大，心情亂糟糟，就下廚作菜給朋友吃，因此大家都覺得他很值得交往。那天中午，龍蝦、黑鮪魚等等好料陸續下肚，他老兄才鄭重宣布要上主菜囉。大家摸著已然腫脹的腹部懷疑主菜究竟是什麼？

「自然豬。」

「豬肉也能當今天的主菜？你少唬弄我們了。」

初嚐「自然豬」，肉質乾淨、細緻，口感具輕淡的甘甜，和富足的彈性。害我一連好幾個月深深想念著那豬，英棋憐憫我相思之苦，給了我肉商的連絡電話。

我看那塑膠包裝上強調：「絕無抗生素殘留、絕無磺胺劑、絕無荷爾蒙，保證二百一十日齡成熟豬，經農委會和動物科技研究所雙重認證，確保每頭豬隻安全健康」。這是臺灣肉品運銷合作社創立的品牌，從飼養、屠宰到銷售，嚴格管制豬的成長狀態和疫苗接種，詳細記錄飼料配方，等於豬隻有了身份認證。

好像每隔一段時間，就會爆發黑心肉品的新聞，許多口蹄疫、病死豬肉流向消費者的肚子。每次看到這種新聞都很沮喪，我們怎會這麼衰？生活在充滿人渣的所在。

一群養豬人深受不肖豬戶之害，決定區隔市場，於是出現了自然豬。此豬標榜自然成長、無任何藥物殘留，是一種代表優良品牌的豬肉，號稱臺灣的「夢幻豬肉」。這些豬成長於乾淨的豬舍，人員進入豬舍必須穿隔離衣，務求隔絕傳染病。

自然豬的出現，意味著優質的肉品和合理的消費機制，牠定位自己，也定位別的豬肉。這是一個瞬息萬變的時代，無論變好或變壞，明天我們的社會終將發生變化。或者是你來改變它，或者是別人為你改變它。STARBUCKS通過重新定義咖啡，而改變了咖啡市場。

這種乾淨的豬肉出現前，我不敢吃豬肝，或二次加工肉品如貢丸。自然豬產量還不大，不免比較貴，銷售成績卻越來越好，可見價錢不是問題，吃得健康、吃得安心才要緊。這是一種吃的趨勢，我在吃這塊肉之前，先已了解牠的來源和生產過程。

此肉不僅安全，也頗有滋味，我最常料理的自然豬產品是「帶骨里肌排」和「松阪肉」——前者用迷迭香、芫荽籽、百里香和酒醃浸一天再燒烤，一人一塊作為西餐的主菜，遠勝一般的牛排。後者是豬頸肉，油脂分布極細緻，肉質彈牙，烹調方式最簡單，只要在滾水中灼燙即熟，蘸一點醬油膏吃，妙不可言。

臺灣屬淺碟型社會，仿效之風易行，於是又出現了「晶鑽豬」、「香草豬」……臺東關山自立品牌的「晶鑽豬」，生產、經營方式和自然豬雷同，我有時也買。至於「香草豬」，有些店家標榜是以鼠尾草、迷迭香、羅勒等歐式香草及中藥配方飼養長大。我並不相信餵豬吃什麼，牠的肉就變成什麼。

法國廚藝家亞倫．杜卡斯（Alain Ducasse）在《與美味相遇》一書中報導聖亦榭（Saint-Yrieix）品種的黑臀豬「都在乾草上生活，而且跟古時候的情況一模一樣。牠們擁有廣闊的空間，可以到處散步，夏天時，則住在樹林裡，牠們可以作夢也可以依自己的生活節奏進食，食物種類有大麥、小麥或是小青豆」，黑臀豬的確過著牲畜王子般的生活，「肉質比白豬肉更滑嫩細緻，而且顏色鮮紅，是一種肥厚多汁的上等肉，烤肋骨或烤肉風味俱佳」。

運動量夠，成長就較緩慢，自然不符成本效益。真正的美食通常不符表面上的經濟效益。我們想吃的肉品自然是生前能自由走動，而非靠注射抗生素維持生命。

然則一般的豬並非如我們想像，樂活在溫柔起伏的草原或山丘；而是集中飼養在工廠般的陰暗農場，有的甚至二十四小時燈光照明，以使牠們保持清醒而一直進食。

自然豬也還談不上在自然環境下成長，牠們猶原得擠在豬籠裡餵食，只是飼養環境較乾淨。牧場最強調的是豬隻屠宰前，都經過動物科技研究所作飼料檢驗、抽血檢驗，確認牠們沒有藥物反應。可見這種豬的模範生，最大的特色並非品種，而是豬場管理；這是優質農牧業的起步，也是提昇飲食文化的有效途徑。

自然豬已然是一種品牌，一種消費意識，我等待更多的餐館宣稱，他們採用這一類的健康肉品。

有了自然豬，我更相信好肉和好女人都在臺灣。

臺灣省肉品運銷合作社

地址：嘉義縣朴子市中興路135號
電話：05-3790108

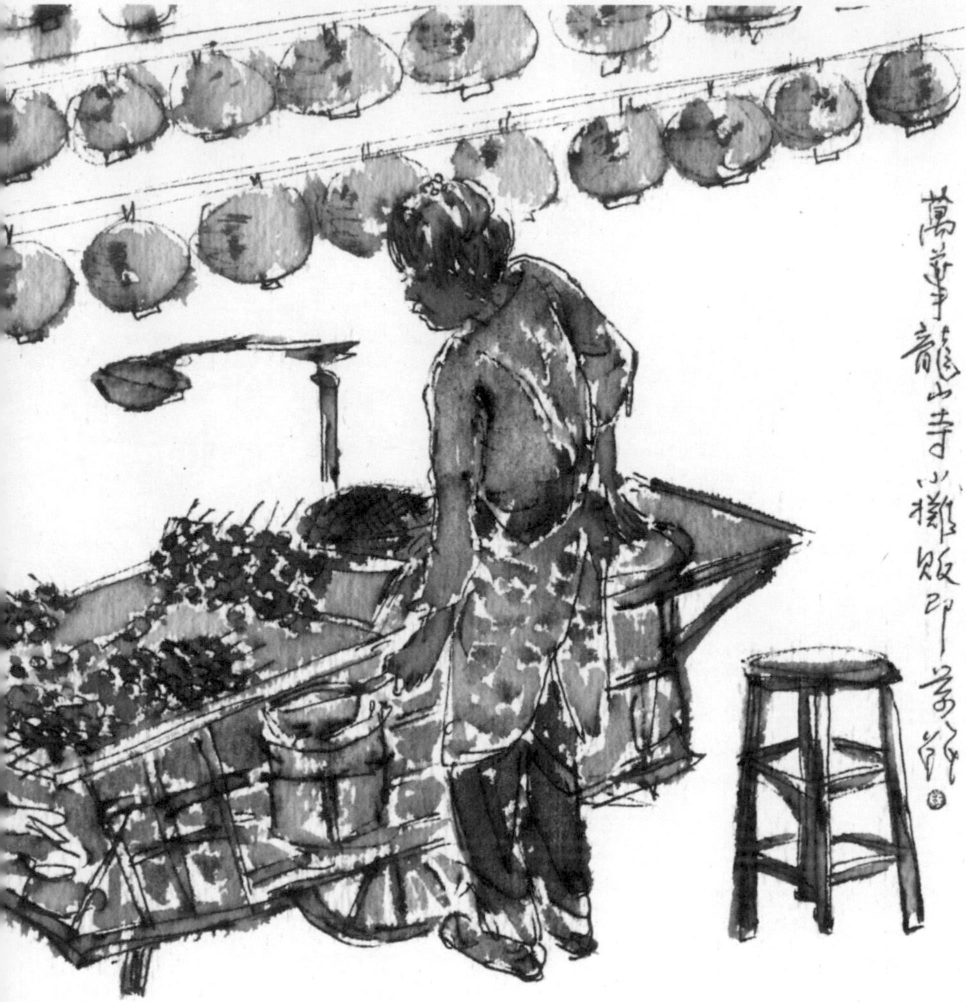
萬華龍山寺小攤販即景

米粉湯

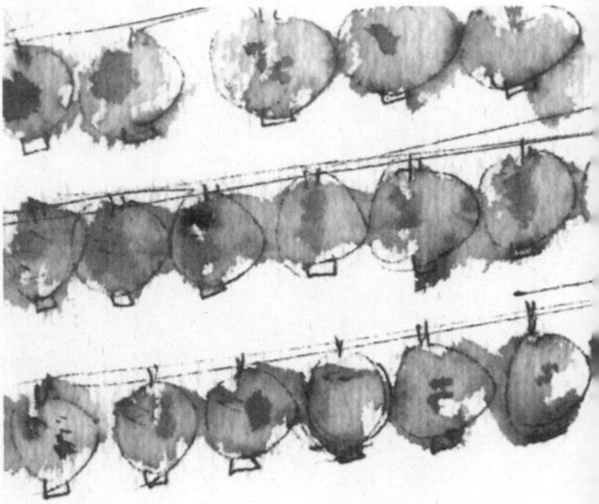

我住木柵十幾年，常吃早餐的地方包括興隆市場對面、景華街口那米粉攤，和保儀路二十六巷鄰近木柵市場的米粉攤。搬離木柵後，還常懷念那兩攤米粉湯，和軟嫩得宜的臉頰肉、頭骨肉、大腸頭。

臺北的米粉湯多用粗米粉，外表像米篩目，這種粗米粉在大鍋中久煮之後即斷裂成三、四公分左右的小段，剛好宜於入口，吃的時候不需筷子，用湯匙較方便，一湯匙中有湯有米粉，很是富足。成品上桌前，不可或缺的是芹菜末、油蔥、白胡椒粉。

東門市場裡有三攤知名的米粉湯，「羅媽媽」和「黃媽媽」比鄰，另一攤在杭州南路一段一百四十三巷和信義路二段七十九巷交叉口，沒有名號，卻是東門市場裡的最老牌，擺攤超過半世紀，雖是路邊攤，卻顯得乾淨；其湯呈乳白色，又不顯一般米粉湯習見的油膩，主要原因是大腸煮好即撈起，不讓它一直泡煮在米粉湯裡。此外，那鍋高湯在煮的過程需不斷撈棄浮沫污渣，以維護湯底的乾淨，並保持高湯在小滾未翻騰的狀態。

「羅媽媽」米粉湯由一群婦人在經營，營業亦超過半世紀，其米粉較細，量夥，因此顯得湯少，不過喝完可免費續湯；湯底是用豬頭骨熬製，米粉充分吸附湯汁，充滿了油脂香。小菜種類甚多：大腸、大腸頭、頭骨肉、肝連、臉頰肉、脆骨、白管、黑管（豬肚頭）、豬肺、生腸、脆腸、豬心、油豆腐、高麗菜……可能是生意太好了，肉、腸煮得不夠軟嫩。「黃媽媽」米粉湯是一家人在經營，風格清淡，「黑白切」由店家配，兩家媽媽的產品滋味頗為接近，生意也都很好。

閩南語「黑白」另帶著髒亂、雜便的意思，「黑白切」就是隨意切一點東西吃，尤指白水汆煮豬肉、豬內臟，隨便切一點，蘸蒜蓉醬油膏吃。這東西，路邊攤、小吃店才有黑白切，大飯館沒有。

米粉湯好不好吃，光看外表就知道，蓋米粉本身無甚差別，美味的生成完全在湯頭，故好吃的米粉湯一定都用碩大的鍋子熬煮各種食材，湯色不可能太清澈，表面還泛著些淡黃的浮油，那是溶解了肉質香（Osmazome）的靚湯，誘人饞涎。肉質香指肌肉纖維裡的味覺物質，可溶於水中。

西洋俗語：欲煮出好湯，鍋子必須先微笑（to make good broth, the pot must only smile）。湯要美，先得餵鍋子美味。那鍋米粉湯熬煮過頭骨肉、臉頰肉、肝連肉、大骨、豬皮、豬大腸，湯頭非常腴美，實不必再作任何調味。我無法忍受米粉湯了無滋味，僅依賴味精掩飾，吃味精米粉湯像遭遇騙子，一口就令人絕望。

用大骨熬湯不免濃濁，然則好米粉湯應該是濃郁而不帶絲毫腥臊味，像基隆「家弘米粉湯」，熬煮之後再經濾除雜質、油脂的工序，使湯頭甘醇濃郁中帶著清純感。

臺北最美味的米粉湯可能是木柵「老娘米粉湯」，此店營業超過二十年，店外沒有招牌，招牌掛在店內。不鏽鋼櫃上陳列著各色「黑白切」，勾引食欲；廚房裡兩個大鍋正在熬煮米粉湯，洶湧飄香，那香味，有一種深沈的渾厚感。

我最愛吃的黑白切是頭骨肉，卻常常不滿足於迷你的一小盤，索性跟市場的肉販訂貨，回家自己煮來吃。每次我提著一顆碩大的豬頭走在街上，常引人側目，幾度被迎面而來的路人打招呼式地詢問：「作生意喔？」

真是少見多怪，誰說作生意才可以提著豬頭走路？

臺北的米粉湯是比較簡約的。離開臺北，米粉湯因配料不同，表現出的變貌很多，諸如宜蘭的「阿添魚丸米粉」是加了魚丸的米粉湯、「貓耳魚丸米粉」除了魚丸還加了水晶餃；花蓮節約街的米粉湯則添加貢丸和甜不辣……

米粉湯亦存在著南北差異，南部人喜用細米粉，並以海味煮湯，如臺南的小卷米粉就以煮花枝的原汁作湯底，臺灣雖小，我們在臺北卻吃不到。永樂市場旁「民樂旗魚米

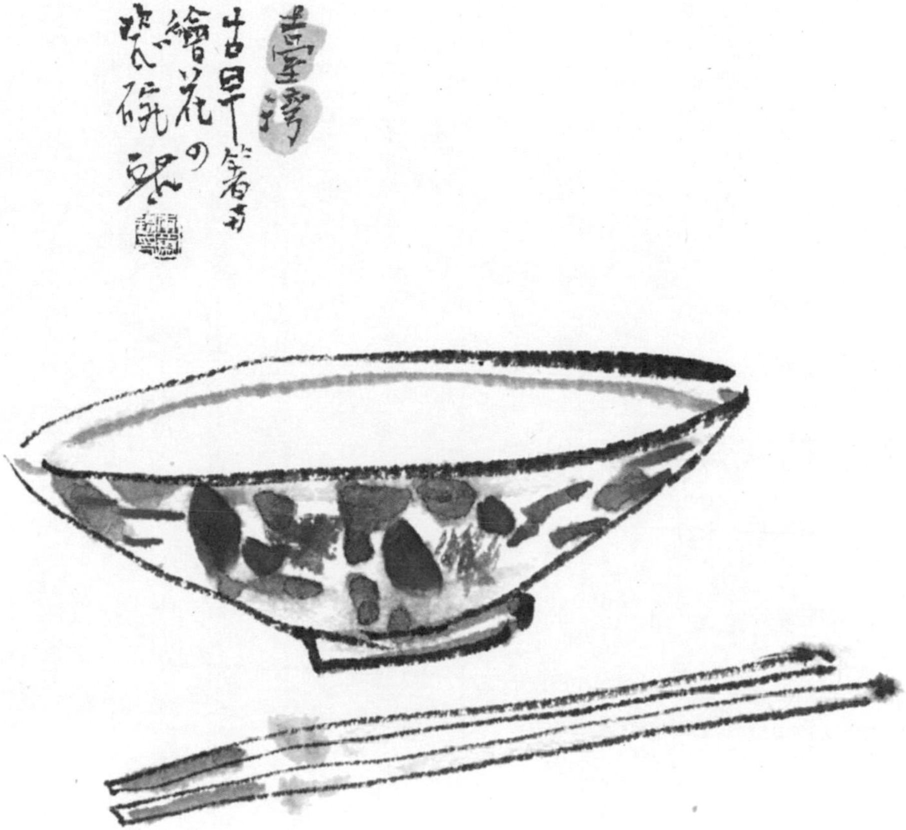
臺灣
古早筷箸
繪花の瓷碗

粉」和延平北路三段的旗魚米粉攤，湯底是用旗魚熬製，滋味迥異於此間習用的豬骨和內臟所煮，堪稱獨特。

「民樂旗魚米粉」是我悠閒時的早餐，旗魚經調味加熱處理後掰成肉絲，加進米粉裡，再加上油蔥、豬油和份量頗夥的韭菜。這攤旗魚米粉沒有黑白切，而以炸物供應，包括炸蚵仔、炸蝦仁、炸魷魚、炸紅糟肉、炸豆腐、炸甜不辣。奇怪，我常來吃這些東西，為何在寫它們的名字時還會不自覺地一直流口水？

我愛那一大鍋熬煮的米粉湯，熱氣蒸騰，那氣味，總是飄散到記憶深處。

新竹旗魚米粉

地址：臺北市延平北路3段83號
電話：02-2585-4162
營業時間：晚上

民樂旗魚米粉

地址：臺北市民樂街3號
電話：0933-870901
營業時間：06:30-12:30

老娘米粉湯

地址： 臺北市木柵路1段227號
電話：02-2236-7889
營業時間：16:30-24:00（周日休息）

巷仔內米粉湯

地址： 臺北市景美街117號前
電話：0935-633673
營業時間：17:30-24:00

擔仔麵

在臺灣，夜市、舊社區、廟口、百貨公司，到處有好吃的擔仔麵。

「擔仔麵」和「泐仔麵」都用油麵，也都用鐵製或竹製網篩煮麵，讓篩裡的麵條在滾水中又煠又泐。明顯的不同是：擔仔麵較精緻小碗，用肉臊作澆頭，有時麵上會擱一尾蝦或半個滷蛋；泐仔麵的份量稍多，用煮雞、鴨、鵝的高湯作湯底，麵上附肉片或僅簡單的豆芽和韭菜。兩者互相影響，有些泐仔麵上也擱一尾蝦，很難嚴格區別。

其實不一定要用油麵，延平北路二段的「擔仔意麵」使用意麵，風味頗佳。

擔仔麵是發源於臺南的小吃，「擔仔」閩南語是挑扁擔的意思，用扁擔挑著麵攤沿街叫賣，創始者是漁夫洪芋頭先生。

由於每年清明到中秋是颱風季節，風浪險惡，甚至連冒險出海也不能，就暫時賣麵營生，取名「度小月擔仔麵」。風平浪靜的季節，討海人出海捕魚，收入較豐，算是大月；相對於靠漁獲賺錢的大月，勉強擺攤維持生計的時候，自然是在度「小月」了。

世間許多美味竟是這般偶然。洪芋頭從一八九五年把賣麵當暫度難關的副業，如今第四代已加入企業化經營，並有肉臊工廠，專門供應店面，更製成罐頭販售，馳名海內外，其受歡迎的程度，可謂臺灣之光。

小小一碗擔仔麵，象徵了臺灣人辛勤奮鬥的核心價值。

在臺南，度小月擔仔麵又分為大房的「洪芋頭擔仔麵」和二房的「度小月擔仔麵」，兩者的麵上皆有一尾鮮蝦，並可點選滷蛋和滷貢丸。王浩一認為兩家的口感有差異，前者的份量夥，湯汁也多；後者的精緻度較高，肉臊湯汁較濃醇。兩者在臺北皆有分店。

度小月成功的故事，影響所及，使最初在水仙宮附近擺攤的元素如紅燈籠、矮桌、竹凳、低灶、小爐都成為全臺許多擔仔麵的符碼，用來裝飾自家的店面。大房的女兒所創的「赤崁擔仔麵」除了繼承洪家口味，亦充滿這種懷舊況味：煮麵處的矮灶矮爐和小竹凳。此店的擔仔麵份量較一般多，麵上有一尾蝦，一個滷蛋。我則歡喜爐灶後面那堵塗鴉的牆，用粉筆寫的菜單充滿俚趣。此外諸如「好記擔仔麵」的古桌椅和古門窗，遼寧街「郭家擔仔麵」的大紅燈籠……莫不布置古老的用餐氛圍，暗示古早的味道。

新中街「財神臺南擔仔麵」不僅坐擔的師傅端坐矮凳上料理，連用餐處也是低矮的桌椅，生意雖然好，煮麵的地方仍一直保持得很乾淨，令人激賞。此店只淋肉臊，未見鮮蝦，可見蝦、貢丸、滷蛋之屬俱是點綴，並非主角。

一碗擔仔麵大抵以蝦高湯、肉臊為主調味，加上蒜泥、黑醋、香菜、豆芽等作料；好吃的關鍵在肉臊。這種麵攤少不了一大鍋陳年滷汁，永樂市場「永樂小吃」的擔仔麵上面除了肉臊和少許芽菜，並無鮮蝦、肉片、滷蛋等配料；可就是好吃，那澆在麵上的肉臊，將那碗麵和湯提升得美妙又高尚。

「好記擔仔麵」風味絕佳，據說每天賣出兩千碗，那高湯甚為講究，乃是用五十斤草蝦熬煉出來；那鍋肉臊是用豬腳肉所製，麵上擱了一塊肉、一隻蝦。雖則澆淋了馥郁的肉臊，湯味卻顯得清爽，鮮甜，是我在臺北最歡喜的擔仔麵。缺點是麵太少，我一口氣至少都得吃掉五碗，才能稍慰饑腸。

好記充滿濃厚的臺味，和臺客幽默感，連餐巾紙亦標榜「國家要強，怕某愛雄」。所有菜色都有樣品陳列在門口，進得門來，店家先招待一小碟豆腐；豆腐泡在醬油膏裡，上面放著現磨的阿里山山葵，醬香伴奏豆香，和輕淡的芥末氣息，引導味蕾進入餓鄉，風味魅人。至於「招牌豆腐」用的是芙蓉豆腐，上面撒了大量的蔥花。我常吃的還

有以蔭鳳梨、豆豉煮海吳郭魚，以及埔里紹興醉蛋、招牌封肉。

華西街「臺南擔仔麵」成立於一九五八年，原先是路邊攤，賺錢後搖身變成臺菜海鮮餐館，現在高雄、臺中、板橋、上海都有分店。此店很講派頭，食材高檔，店內布置得金碧輝煌，所有器皿皆為進口名牌，如英國Wedgwood和日本Elchee，店家最津津樂道的是一碗麵五十元，整套碗盤餐具卻值一萬六千元。其實來客多不是為了擔仔麵，而是昂貴的餐飲；從前我供職於中國時報，報社長官常在此宴請重要客人。然則我最歡喜的，還是袖珍得只能當餐後點心的擔仔麵，常讓我想起編「人間」副刊近十五年的生涯，和許許多多文壇的往事。

好記擔仔麵

地址：臺北市吉林路79號
預約電話：（02）2521-5999
營業時間：11:30-03:00

財神臺南擔仔麵

地址：臺北市民生東路新中街6巷1號
預約電話：（02）2761-1887
營業時間：11:30-21:00，週一休息

沰仔麵

沰仔麵是最物美價
廉的臺灣小吃之一畫
於台北捷運淡唐嘯鈫

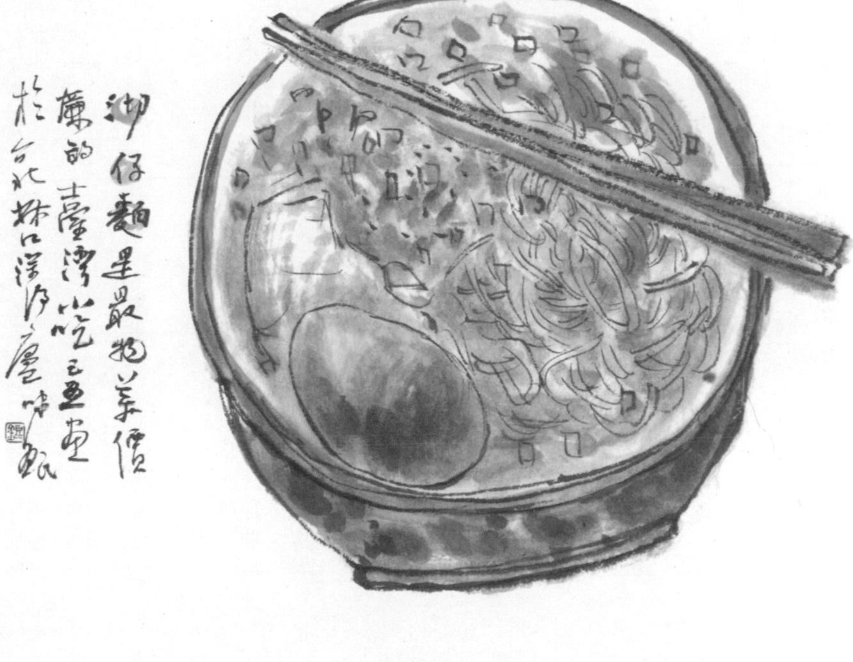

「沏仔麵」用的是油麵，由於麵條在揉麵的過程添加了鹼粉，以強化麵筋，故顏色偏黃。這種麵條在工廠批貨前即已煮過，煮過再和入沙拉油，使外表光亮，並避免麵條黏在一起。油麵是一種半成品，大幅縮短烹煮的時間，方便小吃業者快速應付湧來的食客，遂長期流行於臺灣。

顧客點餐後，店家將油麵放進一根長柄鐵網篩，在滾水中上下煠灼，以免麵條糾結，三兩下即加熱完成。「沏」字是閩南語，帶著煠、涮、灼的意思，一般店家習用「切」仔麵，缺少水流沖擊麵條的意思，我覺得還是「沏」較準確。

全臺灣的市場、廟埕，和老社區都不乏好吃的沏仔麵，我最愛吃炎仔的沏仔麵。大稻埕「賣麵炎仔」這四個字的招牌比店名「金泉小吃店」還要大，炎仔是第一代老闆，最初在涼州街擺攤，如今已歷經八十載，堪稱沏仔麵的老前輩。我不曾見過炎仔，聽說他「矮壯、濃眉大眼，威嚴而沈默，緊抿雙唇」。

我每次去總為客滿所苦，刻意避開一般人可能的吃飯時間，亦莫不客滿；有一次我餓到下午兩點多才去，冒著吃不到的風險，外面還有人在排隊。這爿小店隨時擠滿了吃客，直到東西統統搶食完畢。

「賣麵炎仔」處處透露著老，古舊的店面斑駁的牆，蒼老的常客，簡陋的吃食空間略顯髒亂，所有食物皆暴露在檯面上。沏仔麵一碗二十元，量夥而味香，那湯頭煮過雞肉、各種豬內臟，非常濃郁的豬油香，好像喝一口就會痛風發作；麵裡有豆芽、韭菜、豬油渣，道地的老滋味，吃一口就停不下來。

相對於沏仔麵，小菜並不便宜，燙粉肝、豬心、花枝，以及白斬雞、鯊魚煙、炒下水都又嫩又鮮，其選擇物料的嚴格，可見一斑。楊健一小時候住附近，他在〈賣麵炎仔〉一文描述：「大橋頭市場的雞販，一大早從全省各地運來的雞鴨一卸下來，在未開市前必定是先經由炎仔挑選，挑夠了，剩下來的才上市開秤」。尤其紅糟肉，是醃過紅糟再裹太白粉油炸的五花肉，外表酥酥脆脆，裡面甘美鮮嫩，咀嚼間飽滿著彈勁，滿口都是肉香，蘸店家特調的甜辣醬更加美味，允為鎮店食物。

賣沏仔麵，通常會這樣兼賣一些滷、煮的小菜，像各種豬內臟、肉和海產。如臨近捷運雙連站的「阿國切仔麵」紅糟肉切得很薄，常帶著軟骨。其湯頭清澈，油麵上是豆芽、油蔥酥、芹菜末，此店備有菜單，小菜的選項多，連紅油抄手也有。「進財切仔麵」的沏仔麵上有兩片十分迷你的肉片，和滷過的豬皮……

景美夜市「鵝媽媽」麵齡猶淺，沏仔麵一碗三十元，裡面有兩塊里肌肉片，有滋有味，堪稱新秀中的佼佼者。其高湯以鵝肉、鵝骨架熬煮，鮮甜可口，無論米粉、板條、冬粉加在湯裡都美味。店家用豆腐乳、甜醬、番茄汁調製的蘸醬很清爽，加一點自製的辣椒醬，頗能表現朝天椒特殊的香氣，值得切一盤鵝肉或鴨肉。我們吃過太多庸俗的鵝肉，忽然過口這種高尚的鵝肉，不免心生感動。

王永慶生前歡喜和三娘去晴光市場「張媽媽切仔麵」吃麵，這裡的鵝肉也多汁鮮美，嘴邊肉、紅燒肉也不賴，其沏仔麵亦作乾拌形式，搭配鵝腸湯或下水湯，加一盤地瓜葉是很快樂的組合。

西門町「鴨肉扁」沏仔麵一碗五十元，除了麵上有一塊里肌肉片，麵及湯的滋味和份量都遜於賣麵炎仔和鵝媽媽。此店創立於一九五〇年，是鵝肉專賣店，並無鴨肉販售。店名「扁」是創業老闆的名字，他剛開始還是賣鴨肉的，賣了一年發現鵝肉的生意好，從此不再賣鴨肉，之所以掛鴨頭賣鵝肉，只是懶得更改店招罷了。

鴨肉扁店招標榜的「土鵝」其實就是獅頭鵝，此鵝體型碩大，接近方形，前額、頰側的肉瘤發達，覆蓋於喙上，正面看起來狀似獅頭，原產廣西和廣東的東饒縣溪樓村，生長快速，是經濟效益高的欄肉鵝。那鵝稍加煮過後再輕度煙燻，煮鵝的湯用鵝骨燉熬，淋上燙熟的油麵，再放一塊豬肉，便是充滿鄉土傳統的沏仔麵。

沏仔麵頗有一些滋味，關鍵在那鵝骨熬煮的高湯，以香味召喚了許多遠近的食客；那高湯，使這家小店傲立西門町飲食商圈超過半世紀，如今已是顯著的地標。二十幾年來，我目睹西門町的容貌不斷改變著，鴨肉扁卻總也不變，它杵在交通輻輳的街頭，以堅定的香氣招呼來往奔匆的行人，進來稍坐片刻，通過味覺，追憶舊時光、舊人情、舊滋味。

我大一時獲時報文學獎，贈獎典禮在中山堂舉行，那時候，時報文學獎甫開辦，十分鄭重其事，規模有如金馬獎的典禮。我從陽明山搭公車下來領獎，好不容易才從閃爍不停的鎂光燈醒過來，虛榮得要命，將獎座放進書包，晃著步出中山堂，得意忘形，才走到中華路就撞斷了生平第一個獎座。我懊惱地檢視獎座，不知如何排解胸中的生氣和傷感，失魂般在附近亂逛。不知什麼力量將我吸進「鴨肉扁」，吃了一碗麵，不夠，又吃了一碗，和一整盤鵝肉，才勉強平復撞毀獎座的疼痛。

金泉小吃店（賣麵炎仔）

地址：臺北市大同區安西街106號
（永樂國小後門）
預約電話：（02）2557-7087
營業時間：09:00-17:00
（往往下午兩三點即賣完）

鵝媽媽

地址：臺北市文山區景美街37-3號
（景美商圈72號攤）
營業時間：12:00-22:30，週一店休

老晴光張媽媽切仔麵

地址：臺北市農安街2巷4號
電話：(02)2591-6793
營業時間：週日店休

鴨肉扁

地址：臺北市中華路1段98-2號
電話：(02)2371-3918
營業時間：09:30-22:30

川味紅燒牛肉麵

近年來在大陸及海外常見「臺灣牛肉麵」招牌，此即紅燒牛肉麵，之所以成為臺灣名食，乃歷史的偶然。臺灣人從前並不吃牛肉，是隨國民政府來臺的軍人引進吃牛的習慣。唐魯孫先生曾說：「光復那年，筆者初到臺灣，隨便想吃碗牛肉麵，就是走遍了全臺北市，也別想吃到嘴」。

逯耀東教授在《飲食》雜誌創刊號上斷言：川味紅燒牛肉麵源自岡山的空軍眷村，風行臺北，然後由退役老兵播布臺灣各地鄉鎮。臺北市第一屆牛肉麵節還算辦得有模有樣，當時那場牛肉麵文化高峰會，逯老師再次強調他的論點。

我半信半疑地表達異議：疑的是生活經驗，高中時期的女朋友家住岡山空軍眷村，我常常往那裡跑，然而除了買「哈哈」和「明德」豆瓣醬，完全不記得當時岡山有什麼牛肉麵。信的是，岡山辣豆瓣可能模仿四川郫縣的豆瓣醬，顯然也成了臺灣的川味紅燒牛肉麵的主要調料；但，發源地應該在軍營伙房，不一定是岡山眷村，可能就在臺北，也可能是中壢的營區。

眷村是臺灣社會特殊的聚落，它區隔了周圍的環境，使人帶著區隔意識與外界接觸，眷村的生活形態因深受軍政組織的影響與型塑，封閉而孤立，生活在裡面的人遂成為齊默爾（Georg Simmel）所謂的漂泊的異鄉人。漂泊者並非今天來、明天就走的那種人；而是不與任何一個空間點有緊密關連的人，也就是在概念上剛好跟固著在某一個空間點相反；也就是說，「異鄉人」的社會學形式綜合了漂泊與固著兩種特質。

賣牛肉麵是退伍後相對簡易的營生，軍隊裡的伙房老兵，退役後擺攤賣牛肉麵是很可理解的事。有一時期，臺北市長不逾百米的桃源街，竟出現一、二十家川味牛肉麵大王，形成了飲食的歷史風景。早期臺灣人做生意很歡喜自稱大王，這個大王那個大王你也大王我也大王他也大王，可惜這條名聞遐邇的牛肉麵街如今只剩下「老王記牛肉麵大王」在營業，這大王無論滋味、經營形態、生意都數十年如一日。

我吃得最久的也是「老王記」牛肉麵，學生時代起就常吃。它甚至沒有招牌，卻好像一座醒目的地標，幾乎成了桃源街的代名詞，人稱「桃源街牛肉麵」指的就是這一家，「別無分店」，只要人在那一帶，不自覺就趨近它，腦海裡浮現一碗令人愉悅的牛肉麵。「老王記」的廚房就設在店門口，像極了路邊攤，其實無論吃麵環境、服務乃至搭蓋的二樓鐵皮屋，都帶著路邊攤性格。它的牛肉滷得十分柔嫩；湯色褐紅，浮油稍多，湯味濃郁而可口，未喝即先聞到肉質香；普通的陽春麵條煮得有嚼勁；每一桌都備有裝滿酸菜的鐵鍋，供顧客自取。

牛肉麵是一種庶民飲食文化，價廉物美，不僅全臺灣到處吃得到，離島也有不少好麵。花蓮「江太太牛肉麵店」因蔣經國先生來過兩次而聞名，牆上掛著他和店東合照的放大照片，街坊鄰居又稱它為「總統牌牛肉麵」。這種牌子的牛肉麵使用拉麵和腱子肉，由於是大鍋燉滷，湯頭濃郁，微辣，八角等香料隱而不顯，倒是飽含著肉質香。牛肉塊滷得軟嫩又不失嚼勁，恰到好處。蔣經國先生的親民作風，使他能普遍嚐到許多風味小吃。

牛肉麵裡的牛肉塊大抵以牛腱、牛腩為主，如臺北「鼎泰豐」、「林東芳」和臺中的「若柳一筋」、豐原「滿庭芳」、花蓮「邵家」用牛腱；「牛爸爸」、「老董」和金門「老爹」用牛腩；較特別的是「大師兄原汁牛肉麵」用牛排，「牛董」用丁骨牛小排，「洪師父麵食棧」用兩種不同的牛肉。

中壢的紅燒牛肉麵也是遠近馳名。早年中壢是北部地區最大的禽畜市場集中地，路邊攤所賣的牛雜價廉物美，名聞全臺。最令人欣慰的是中壢有幾家牛肉麵店是二十四小時營業，像「永川」和「新明」。二十四小時賣牛肉麵遠比二十四小時賣書要緊，臺北忝為牛肉麵之都，這一點很值得汗顏。

中壢市新明市場集中了好幾家牛肉麵店，又以民權路那兩家特別有名：「永川牛肉麵」和「新明老牌牛肉麵」比鄰營業，這兩家很容易讓人聯想到臺北市永康公園的那兩家比鄰的牛肉麵，孿生兄弟般，從牛肉、麵條、湯頭到小菜都很像。「永川」和「新明」點餐後都須先買單，牛肉麵一碗一律九十元，可免費加麵加湯；桌上都有酸菜供客人自取；小菜都裝在小塑膠盒裡，放置冰箱；牛肉選用牛腱肉，麵條用陽春麵；湯頭幾乎完全一樣；青菜都很少，蔥花甚夥。

「新明牛肉麵」的名氣很大，模仿者眾，尤其在桃園縣，到處看得到新明牛肉麵的招牌，逼得這家老店在招牌上加了「正宗」、「老牌」字樣，指天誓地強調：只此一家，別無分號。

將牛肉麵賣出時尚感的是「牛爸爸牛肉麵」和「鼎珍坊」，前者以一碗三千元的松阪牛肉麵威震江湖，很多人為了表達誠懇而在這裡請客，此店從食物到環境都予人精緻、潔淨感，其牛肉麵的構思就宛如雲門舞集、誠品書店和朱銘博物館，帶給我們深思和啟示。後者是新開業的餐館，「清燉牛肉手工麵片」是老闆張應來的私房麵點，每天限量十五碗，每碗五百八十元，由於是清燉，暫不討論。

歷史的偶然，成就了美麗的文化風景。李歐梵、林宜澐每次來臺北，總想先吃一碗牛肉麵才痛快。牛肉麵，尤其是川味紅燒牛肉麵，已成為臺北的飲食鄉愁，召喚集體記憶，召喚我們的情感。

牛爸爸牛肉麵

地址：臺北市忠孝東路4段216巷27弄16號
電話：(02)2778-3075
營業時間：11:00-21:00

老王記牛肉麵大王

地址：臺北市桃源街15號
電話：0937-860050, 0919-936811
營業時間：週一至週五10:00-21:00，週末10:00-20:20

洪師父麵食棧

地址：臺北市建國北路2段72號
電話：(02)2500-6850
營業時間：10:00-03:00

清真中國牛肉館

地址：臺北市延吉街137巷7弄1號
電話：(02)2721-4771
營業時間：11:00-14:30, 17:00-21:00

皇家黃牛肉麵

地址：臺北市青島東路9號
電話：(02)2394-3330
營業時間：11:00-20:30

江太太牛肉麵店

地址：花蓮市中正路128號
電話：(03)832-0838
營業時間：11:00-14:00, 17:00-20:30
每月第二、四週的週二店休

老爹牛肉麵

地址：金門縣金湖鎮武德新莊26號
電話：(082)334504, 334980
營業時間：週五休息

鱔魚意麵

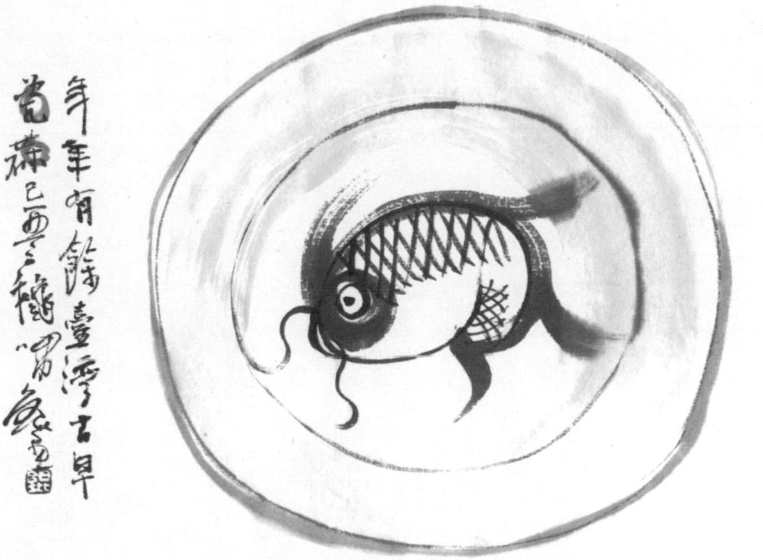

農曆五月到七月，是鱔魚繁殖的季節，肥鱔開始召喚老饕。

臺灣人吃鱔魚麵的歷史很短，遠不如杭州人悠久，蓋錢塘江、西湖一帶自古即盛產鱔魚。然則江浙菜中無論是油炸的「脆膳」、響油「鱔糊」，或我在上海常吃的「蝦爆鱔麵」，皆迴異於臺灣的「鱔魚意麵」。

鱔魚意麵乃南臺灣的風味小吃，尤其是臺南，可能是鱔魚意麵密度最高的城市，如「老牌鱔魚意麵」、「真味鱔魚意麵」轟傳江湖久矣。外地人來臺南，要品嚐古早味，若無把握，不妨按「阿」字輩尋索，像「阿美飯店」、「阿霞飯店」；連小吃也是，諸如開元路的「阿銘鱔魚意麵」、公園路的「阿輝炒鱔魚」、西門路的「阿鐵鱔魚意麵」、民族路的「阿江鱔魚擔」……

鱔魚麵大抵有兩種：炒麵和滷麵。我從前在高雄吃的多屬滷麵：先汆燙麵條，撈起，裝盤；再用豬油爆香洋蔥、大蒜、鱔魚，加入高湯，調味，糖醋勾芡，澆淋在麵上。

臺北的鱔魚麵多屬炒麵，工序顛倒：先熱鍋，爆香洋蔥、大蒜後，加入鱔魚、高湯，調味快炒，起鍋；再用鍋中的湯汁略炒意麵即裝盤，最後將鱔魚料鋪在麵上。這兩種麵所用的麵條不同，滷麵常用油麵，炒麵則多用意麵；意麵殊異於鹽水意麵，而是「伊府麵」，伊府麵是一種半成品，主要製法是和麵粉時加入蛋液，擀好後切成細麵條，煮至七分熟再油炸、乾燥處理。

那伊府麵一坨坨擺在攤上，乍看似泡麵，彷彿又乾渴又飢餓，入鍋即狂吸芡汁，旋踵即綿軟。鱔魚意麵最特別之處即在那酸酸甜甜的芡汁，名店名攤都有自己的配方，主要以烏醋、米酒、糖調味，須調得酸甜平衡，其滋味頗似「五柳羹」。其中最要緊的是醋料，有些講究的店家用了好幾種醋去調味，自然，這是不傳之秘。

要之，成品總呈現軟滑的口感，軟滑中又帶著飽滿的彈勁。我們小時候都叫它「鱔魚炒意麵」；雖有大火快炒的動作，其實炒的是鱔魚，實際成品應為「鱔魚意麵羹」，黃色的麵條，褐色的鱔魚，油光烏亮，淡淡的鹹味帶著清楚的甜和酸。

很多店不會處理鱔魚，致鱔肉沾著泥膻味。好廚師需用心了解食材，包括它的生長環境、季節，和料理特性。鱔魚這主角，需在清水中養一兩天，去其泥味；而且需現宰的才鮮甜。大蒜、洋蔥是重要的配角，下料不能太保守；其次才是高麗菜、胡蘿蔔絲和蔥段的點綴。

現在的鱔魚多冷凍進口貨，不足為訓。新營「清香鱔魚麵」猶採用野生鱔魚，蓋新營多池塘溪流，農民輒夜間捕捉野生鱔魚，翌日挑到市場賣，清香因而每天能炒野生鱔，滋味絕佳。這是遵古法炮製的典型，「古法」的精神內涵並非抵拒現代化，而是堅持美味，包括材料講究、工藝認真。「清香鱔魚麵」連炒鱔魚的灶也還以「粗糠」作燃料，取粗米糠的燃點低，搶火快，適合猛火爆炒的場面，並使那鱔魚染上輕淡的燻香。

不僅以粗糠作燃料，也用燒過的粗糠灰洗滌鱔魚，物盡其用。此外，「清香」更用鱔魚骨熬湯，免費供應顧客。這麼體貼的動作，奇怪別的店家何不仿效？

猛火爆炒在求鱔魚的口感，令它清脆滑潤而彈牙，臺南沙卡里巴「老牌鱔魚麵」標榜27秒快炒，意思是從鱔魚下鍋到炒好起鍋僅需27秒，以維鱔魚的口感。每次看掌勺者大火快炒，油煙轟竄，我有時會連想到臺灣早期移民的暴烈性格。

從前我家在高雄市，家門前有一小吃攤聚集的夜市，我常在這裡吃鱔魚麵，頗感受地利之便。這個小夜市越來越熱鬧，吆喝聲豁拳聲不絕於耳，可恨常有人喝了啤酒就在我家旁邊的防火巷小便，日積月累，尿騷味彌漫，滲透進家裡。高一那年，有天晚上，又聽見窗外的小便聲，忍無可忍，遂衝出去理論，沒想到挨了拳頭，我摀著被打歪的鼻樑，來不及止血，拿了一把刀再度衝出家門，卻不見了那群醉漢。

其實他們的面貌已經很模糊了，我還是藏著尖刀，每天逡巡在夜市尋找仇家，帶著為民除害的快意，直到聽見家門前的幾聲槍響。高雄市是臺灣槍擊火併的發源地，自從六合夜市發生槍擊事件，黑道擁槍日益普遍，現在槍枝已經泛濫到自家門口了。我忽然覺得懷中的尖刀像玩具。

我一度想幹掉仇家的尖刀有點像宰鱔魚的刀，不可能面對四面八方擁槍的老大，只差堪對付被釘在砧板上的無助鱔魚。由於鱔魚好動，皮又滑溜，得迅速出刀，準確拿捏落刀的深度，順勢剖肚，去脊骨。這是鱔魚攤常見的宰鱔場景。

臺灣的鱔魚意麵結合爆炒、糖醋勾芡的烹調工藝，和鱔魚意麵口感相近的風味小吃還有「魠魠魚羹」、「生炒花枝」等等。我的鱔魚意麵記憶，連接著轟隆作響的火勢和聲勢，這種獨特的味道完全不見於大餐館，只流行於市井，乃典型的庶民小食。

清香鱔魚麵

地址：臺南縣新營市第二市場內
電話：06-6328341
營業時間：10:30-14:00, 15:30-19:00
週一店休

阿鐵鱔魚意麵

地址：臺南市西門路2段352號
電話：06-2219454
營業時間：14:00-21:00

老牌鱔魚意麵

地址：臺南市中西區沙卡里巴113號攤位
電話：06-2249686
營業時間：11:00-21:00

大腸蚵仔麵線

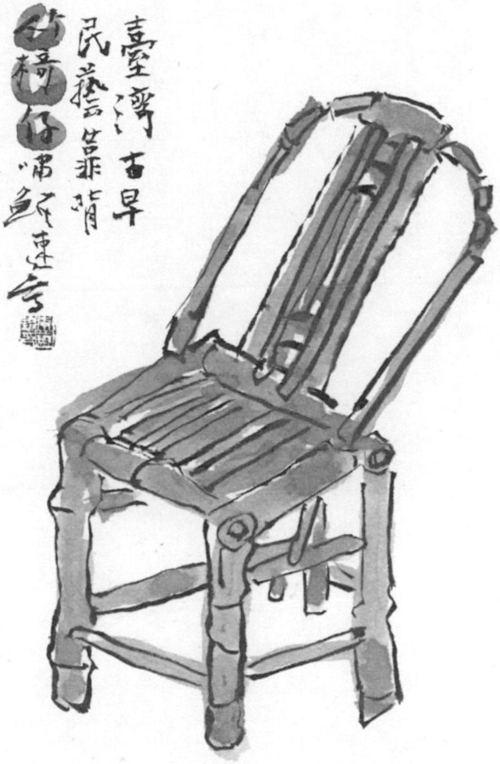

大腸蚵仔麵線早期叫「麵線羹」，或稱「麵線糊」，意謂麵線如漿糊般黏稠。小時候，我在高雄吃的麵線糊多是蚵仔麵線；到了臺北，變成大腸麵線，物料不同，又顯南北的飲食差異。

此物鹹中帶甜，源於廈門、泉州一帶的小吃「麵線糊」；卻已發展成不同的形態。泉州的麵線糊接近廣東粥製法，以麵線為底，盛於小鍋中，再下肉、肝、腸、腰等物，煮滾配油條吃。廈門的麵線糊則多用豬下水煮高湯，再將麵線在滾湯中煮成糊狀，摻入豬血、芹菜，吃時常搭配各種滷料或油條。臺灣賣麵線者常兼賣臭豆腐，金門則多兼賣魚炸。

麵線易爛，雖曰麵線糊，仍須避免煮成漿糊，須糊而不爛，糊而不亂。好吃的麵線要滑，滑中猶挽留著些咬感。

金門的麵線糊屬蚵仔麵線，乃以野生石蚵為主角，所用麵線乃當地特殊的手拉麵線，較具韌性，是金門人常吃的早餐。有些店家會添加豬腸、豬血煮，並配油條吃，食法接近廈門。

金門「上古厝麵線」即以彈勁聞名，製麵線強調接、掛、甩、搧等功夫，重點其實是麵線初製後曝曬陽光兩天，令它自然風乾，帶著海風的氣息。澎湖風大少雨，亦適合曬製麵線，其手工麵線相當迷人。

麵線下鍋前需先用清水洗過，以維衛生。有次誤信媒體推介，到西園橋下吃蚵仔麵線，蚵仔又肥又鮮，可惜麵線有一股蟑螂屎味，令人倒胃。麵線忌冷，冷掉即難以下嚥，食用得保持能燙嘴的熱度。最好能邊煮邊賣，不要一次煮太多，因為麵線若擱置過久，即失去口感，吃起來真的像漿糊。

雖然配料和麵線都和在同一鍋裡。然則烹調之初，不管蚵仔或大腸，都不宜跟麵線和在一起，而是分鍋來煮。高湯勾芡後，才加入麵線，蚵仔，或滷煮熟的大腸拌合。勾芡勿太濃，太白粉若未溶解化開，摻雜在大腸、蚵仔、麵線中，狀甚恐怖。

現在賣麵線糊的多加入大腸、蚵仔兩種主料，混合了南北物產。其實兩種食材味道殊異，性格相左，並不適配。我主張大腸、蚵仔兩者擇一作主角為佳，不可太貪心；兩個都愛，往往一個也愛不到。至於有些店家混進貢丸切片，更不足為訓了。

賣麵線的店家常會供應辣椒、香菜、烏醋或蒜蓉，給客人自行調味。其實麵線的美味關鍵在於羹湯，羹湯不佳，非強烈的調味料所能搶救。

若是以牡蠣為主調，湯講究鮮，蚵仔麵線的高湯不妨多用海產如蝦、淡菜、蟶、蠔或海菜之屬。

牡蠣之美在其裸身，不僅令湯頭鮮甜清澈，由於未加粉飾，亦呈現一種坦誠來相見的態度。蚵仔切莫裹粉，需用未泡過水的鮮蚵，大火稍燙即成，不可在水中煮超過一分鐘，否則蚵仔失水，即失去肥嫩之美。很多商家燙蚵仔，動輒裹太白粉，委實是習藝未精。蓋那鮮蚵極其鮮美柔弱，不愛太白粉的曚蔽，也經不起滾水折騰。

若是大腸當家，則大腸需滷得入味，其高湯宜用豬大骨，和豬腸一起熬煮，令油脂融入湯水之中。若要豐富湯頭的層次，可另加鮮筍、柴魚或蝦米提味。

大腸、大腸頭都比小腸的口感佳，實不宜換小腸擔綱主演。大腸的香是一種油香，腸子務必處理乾淨，滷煮到軟韌適度。

西門町「阿宗麵線」賣的是大腸麵線，雖然有一爿小店面，卻不提供座位，食客須端著碗，捧著燙嘴的麵線或站或蹲，在騎樓下在馬路中間吃，蔚為奇觀。更怪異的是顧客經常大排長龍等待，再端著那碗麵線到店家設在柱子旁邊的調醬檯，加一些符合自己口味的調味料。

阿宗麵線太出名了，連百貨公司也設有據點。其實好吃的麵線很多，師大路的「阿鑫麵線」滋味細緻、美好，不遑多讓。從前阿鑫麵線也吃得到蚵，苦於優質鮮蚵難覓，索性放棄，讓大腸扮獨角戲。感謝阿鑫找不到好牡蠣，我們從此才有更美味的麵線。

青花
瓷碗
臺灣
情

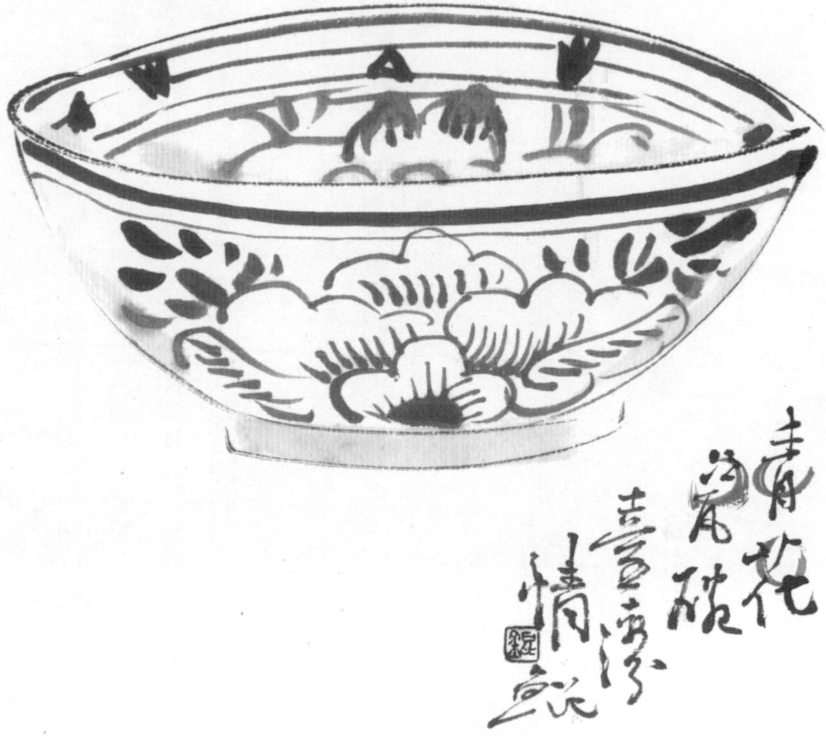

「二魚文化」創立之初，在師大創新育成中心租借辦公室，對面就是阿鑫麵線，我幾乎每天下午都吃一碗大腸麵線。創業維艱，剛開始還常自己推著手推車到和平東路的郵局寄書。出版是夕陽產業，有時不免忐忑於自己的抉擇與決心。阿鑫麵線往往令不安的精神篤定。它的辣椒極烈，鮮豔的色澤十分誘人，每次都吃得我頭皮冒汗如湧泉，天空忽然亮了起來。

大腸蚵仔麵線多以攤販形式存在，因而較一般餐館無常，初見才鍾情，怎知它忽焉消失，杳無蹤影。從前木柵游泳池門口有一攤大腸麵線，甚是好吃，我每次游完泳必定吃一碗，元氣淋漓。我搬離木柵前，某一天，它竟飄然離我而去。沒有跡象，沒有道別，我感受到命運的殘酷。

阿鑫麵線

地址：臺北市師大路39巷8號
預約電話：（02）2363-3695
營業時間：12:00-00:00

阿宗麵線

地址：臺北峨嵋街8號之1
預約電話：（02）2388-8808
（02）2361-0099
營業時間：11:30-23:30

泡麵

泡麵是臺灣人的創意。

我對泡麵的感情最初發生在國中時——半夜起來看威廉波特少棒賽轉播，必定不能缺少泡麵。泡麵加世界少棒錦標賽，連接了我們那一代人的集體記憶。

剛入伍時操練嚴格，每天幾乎都耗盡體能，恨不能一天吃五餐。每次吹熄燈號時總已餓得要命，偏偏教育班長例吃泡麵，那麵條、豬油肉燥、油蔥酥經滾水燙泡，強烈的氣味衝出鋼杯，來到輾轉反側的枕頭前，誘惑我，折磨我。每天深夜，營房裡此起彼落都是他們教育班長吃泡麵的聲響。我第一次感受到階級矛盾。

如此這般思念泡麵三個月，訓練中心結束時剛好過農曆年，我面對除夕夜那些雞鴨魚肉全沒了胃口，竟連吃兩包泡麵。

余吃遍各種泡麵，積四十年之經驗，特別偏愛日本「日清食品公司」的招牌產品「出前一丁」。江映瑤告訴我，香港「蘭芳園」賣的撈麵就標榜使用出前一丁的麵條，可見英雄不怕出身低，泡麵也能夠煮得高明，賣得高貴。

長期嗜食泡麵有礙健康，是人盡皆知的常識。雖然泡麵發明人安藤百福信誓旦旦說，泡麵和運動是他維持健康的兩大法寶。安藤百福本是臺灣人，原名吳百福，他創辦「日清」，活到九十七歲，猶每天吃泡麵，每周打兩次高爾夫球。

不過泡麵不好當零嘴吃，將那包綜合鹽、味精、胡椒的調味粉傾入泡麵中乾吃，無異仇恨自己的腎臟。

還有，聚苯乙烯所製的麵碗，既不環保又危險，還是少吃沖泡的碗麵為妙。我煮泡麵，總刻意在鍋子裡多加一些水，水沸後，放入半包調味料，先煮三分鐘，以溶解抗氧化劑。湯水多，卻完全不要喝，只吃麵條和澆頭。不僅為了健康，更是為了品味——我總覺得泡麵裡的調味包很像巧言令色的人，那麼重的調味，虛矯而浮誇，善於欺騙我們的舌頭。

泡麵要煮得美味，關鍵在火候的掌握，麵條沒煮透難以下箸，稍微煮過頭又很容易糜爛，必須準確拿捏，邊煮邊弄散麵條。我的經驗是以大火煮一分鐘左右即起鍋。

單煮泡麵不免乏味，打一個蛋、青菜或魚丸進去，豐富口感也照顧了營養。那個蛋尤其要緊，荷包蛋之美在於將熟未熟之間的流質狀態，經過熱乎乎的麵條，香味溢滿口腔。我總覺得，荷包蛋最好的吃法就是這樣，最適配熱乎乎的麵條或米飯，果能如此，則每一個荷包蛋都像一次愛人的長吻。

泡麵是臺灣人的驕傲，不但發明泡麵，更善於行銷泡麵，如果沒有「康師傅」和「統一」，大陸同胞去那裡吃泡麵？

苗栗公館土窯亦是
己丑之秋銘

炒米粉

二〇〇六年臺北文學獎在西門町的紅樓劇場舉辦「文學宴」，邀請一百多位作家、出版人與會，我設計的這場主題筵宴以作家私房菜為軸，並盡量納入漢族主要菜系和原住民、外國料理，以彰顯臺北市的多元文化美感。

這場晚宴從沙拉到甜品多獲得盛贊，美中不足的惟有「黃春明炒米粉」，有幾個人表示還不如自己的手藝。黃春明那天人在香港，陸續耳聞此事，很不甘心，表示要為炒米粉申冤。

在臺灣社會較貧窮的年代，炒米粉是一般家庭鄭重宴客的菜餚；大拜拜時，供桌上擺出炒米粉是很熱情、虔誠的態度。

黃春明的炒米粉名聞文學圈，他真的很得意這項創作，個性又熱情，我自己就吃過幾次，猜想已經有不少朋友吃過他炒的米粉。

欲了解黃春明炒米粉的真諦，須明白他的米粉美學。他常說，米粉是一種很憨厚的食物，甚至有點笨，你餵它什麼，它就變成什麼。因為米粉是乾的，重點在於米粉下鍋炒作之前，那鍋爆香的湯汁；湯汁的味道完全左右了米粉的味道。

根據這樣的創作前提，黃春明認為米粉就不能在下鍋前先行泡軟，否則那米粉即沒有吸收香味的胃口。所幸現在製作米粉皆機器烘乾，未露天曝曬當無虞衛生問題。雖則不用浸泡，我還是不太敢相信衛生無虞，主張米粉需先用清水沖洗過。

讀林文月〈炒米粉〉，知道她亦是箇中高手，此文強調拌炒的動作和火候，是較少人提及的：「動作宜求徹底，但避免粗重繁複，庶幾炒出之米粉才不致斷裂不雅觀。至於拌炒時的火候，宜保持中度，火勢過猛，易導致焦糊，火勢太弱，則在多汁的鍋中浸久，往往令米粉斷碎」。

米粉細長，炒起來不能缺乏耐心，務必令其均勻受熱並吸吮高湯，未軟化熟透的米粉宛如橡皮筋。「文學宴」上的黃春明炒米粉乾澀難嚥，乃油水不足所致。料想是當天上菜流程緊迫，「餵」米粉的時間不夠。

我認為炒米粉的工序是先炒後拌——配料先炒香，米粉下鍋以後的操作則改成拌。

米粉這種食材炒煮兩宜，我就是不能忍受充斥坊間的「乾米粉」，先煮了再澆淋醬汁，了無滋味，滿嘴只有醬汁。淋汁這動作乃作生意求其方便迅捷，不過起碼也得淋上像樣的肉臊滷汁。大家之所以覺得「（許）大新竹炒米粉」好吃，關鍵就在該攤的肉臊。

臺灣古早盤子的印花有普羅庶民自己的美學
弘

米粉須入味，口感柔潤又飽富彈勁。新竹市城隍廟口的「阿城號米粉」選用南勢米粉寮附近所製手工米粉，拌炒後淋上特調的碎肉滷汁；吃炒米粉配招牌魷魚肉羹，回味無窮。阿城號米粉炒作前也未浸泡，僅用開水燙過。

我自己炒米粉喜用新竹「東德成米粉工廠」的手工產品，美味的炒米粉還需純米製造的米粉，配料則葷素皆宜，豐儉由人；最要緊的工序還是在於先以大骨熬製高湯。其次是爆香豬肉、蝦米、香菇、青蔥、胡蘿蔔、高麗菜、黑木耳，這類配料須盡量往細裡切，令口感能搭配米粉，不致粗細夾雜、軟硬扞格，才能無礙那細米粉之咀嚼。爆香之後，傾入高湯燜拌米粉，直到收乾。吃炒米粉需有不畏油的勇氣，蓋米粉又飢渴又衝動，一入鍋即狂吸湯汁油水；米粉吸收湯汁的過程即其軟化熟成的過程。

除了這種臺灣最常見的什錦炒米粉，我也嗜食「金瓜（南瓜）炒米粉」，此乃澎湖名餚，在澎湖吃金瓜炒米粉會吃到魷魚或花枝、蝦仁，臺灣本島則少掉這類海味。我覺得臺北的金瓜炒米粉較美味的是「北海漁村」、「鮮」和「新東南」幾家，雖然加了南瓜去炒，基本上還維持著臺灣炒米粉的滋味。

我在馬來西亞常吃的「星洲炒米粉」亦呈現金黃的誘人色澤，卻完全是殊異風格，大概添加了黃咖哩。此外，星洲炒米粉的配料很特別：朝天椒、魚丸、鮮蝦和肉末，展現濃烈的南洋氣味。

炒米粉可以當主食，也能夠作菜餚，角色轉換自如。擅炒米粉的人皆知，那鍋細如髮絲的米粉不免糾結，像許多惱人的瑣事。高明的手藝彷彿高明的情緒管理，以從容不迫的治事態度，面對眼前三千煩惱絲。不過炒米粉真的很好吃，我常常因吃太快而噎著；隔一陣子沒吃，就想念得要命。

東德成米粉工廠

地址：新竹市延平一段317巷3弄47號
電話：03-5233530
營業時間：07:00-22:00

北海漁村

地址：臺北市杭州南路1段8號
（近忠孝東路）
電話：02-23576188, 23576189
營業時間：11:00-14:30, 17:00-21:30

新東南海鮮料理

地址：臺北市汀州路1段105號
電話：02-23322898
營業時間：11:30-14:00, 17:00-24:00

鮮

地址：臺北市北寧路24號
電話：02-25791650
營業時間：11:30-14:00, 17:30-22:00

滷肉飯

趙舜、吳清和載我去「財神臺南擔仔麵」吃滷肉飯，確實好吃，我們幾個胖男人都幹掉幾碗，還頻頻要求店家在碗裡添加滷汁，行止宛如奮不顧身的神風特攻隊。

過幾天換我帶他們到「富霸王」，也是吃滷肉飯。「富霸王」向以滷豬腳聞名，其滷肉飯以豬腳滷汁取代了一般的五花肉滷汁，以碎腿肉取代肉臊，膠質充滿，符合經濟效益，也開創了想像空間，是全臺北我最心儀的滷肉飯。

我總覺得最能表現臺灣人創意的，莫非米食的花樣繁複。臺灣雖小，南北還是有些微的飲食差異，例如北部人叫「滷肉飯」，南部人多曰「肉臊飯」。其實此物是滷製肉丁作為澆頭，淋在白米飯上，故「肉臊飯」較為準確。

上次復旦大學陳思和教授訪臺，見街頭店招「魯肉飯」，不解地問：臺灣魯肉飯的「魯」字是否即「滷」？我說「魯」字用於此確是錯字，然則因襲日久，有些店家遂以訛承訛。蓋滷乃將原料放進滷汁裡，經過長時間加熱煮熟，屬中華料理的傳統工藝，北魏．賈思勰《齊民要術》即已記載滷製技法，到了清代《隨園食單》、《調鼎集》更有了滷汁的配方和滷製方法。

滷肉飯是臺灣尋常的庶民食物，普遍的程度可謂有人煙處即有滷肉飯，帶著粗獷而隨意的性格。像阿嬌（莊月嬌）這樣自己租地植合鴨米來煮飯，選用深坑吃豆腐渣長大的黑毛豬，用純酒滷肉臊，再搭配松子和烏魚子，已經將滷肉飯打造成時尚精品。

很多人從剛冒出乳牙即開始吃滷肉飯，吃到滿嘴假牙還和它纏綿不休。我猜想最初是臺灣先民在生活艱困時期，充分利用豬肉，將肉的碎末加醬油滷煮，成為十分下飯的澆頭。物價不斷飛漲，南機場社區邱氏「臺南虱目魚粥」的「肉臊飯」一碗猶原賣十元，滋味絕佳，價格卻遠低於坊間的滷肉飯，真擔心他們的成本。

無論滷肉飯或擔仔麵，滷汁一般都持續使用，只是不斷續添主料和香料，故滷汁越陳越香，裡面的原料乃益加醇厚，所有歷史悠久的店家總愛強調使用的滷汁是老滷，有的店家甚至故意展示從未清洗的「狗母鍋」（砂鍋），以示老陳。

一碗白米飯鋪上一層五花肉丁，肥瘦鹹淡適度，腴而不膩。一碗滷肉飯，簡單，卻自足而完整，可以毋需任何佐菜而滋味俱全。不過，愛上滷肉飯的人鮮能不嘴饞？我吃滷肉飯不免還會點食滷鍋內的鴨蛋、大腸頭、豆腐，若忽然閃過健康念頭，則再燙一盤青菜敷衍。

滷肉飯製作簡單，談不上什麼祖傳秘訣，只要肯用心計較，沒有不好吃的道理。

關鍵在煮出好飯，和那鍋老滷汁與裡面的肉臊，認真掌握選料、去腥、爆香、滷煮的工序。我堅信家家巷子口多有一攤夢幻滷肉飯，名店不見得就勝過我家附近的那幾攤小吃店。

重慶北路二段，靠近南京西路的地方，毗鄰著三家知名滷肉飯：「三元號」、「龍緣」、「龍凰號」，三家店從前都是建成圓環內的老招牌，名氣響亮。尤其「三元號」的滷肉飯，聞名近一世紀，可我並不歡喜它澆淋了過多的滷汁，和偏瘦的肉臊。

滷肉飯難免油膩，油脂豐富的肉臊汁似乎是必要之惡，蓋那油脂是香味的來源，去油脂化很可能連美味一起消滅。像「阿正廚房」以昆布取代豬油熬煮，美味又健康，是了不起的創意。

麗水街「大來小館」的滷肉飯亦表現出輕淡美，屬高難度動作，背後需付出大量的心力。店家採用油較少的豬後頸和前腿肉，先爆香炒過，除油，再以文火長時間滷煮，令肉臊有一種滑嫩綿密的美感。

肉臊美味的關鍵在肉品，首先需選用當天屠宰的溫體豬，常用肩胛肉、五花肉、腮幫肉切丁滷製；萬勿使用機器絞的碎肉。其次才是爆香、滷製技術。滷製肉臊亦因人而異，如「鬍鬚張」的澆頭選用豬頸肉，且切成肉絲，而非肉丁。臺南「全生小食店」的滷汁加了黑糖和甘草，澆頭是豬皮，正宗的臺南味：甜。啊，臺南小吃真是鮮有不甜的。

滷汁的構成主要是醬油和米酒，輔料離不開香菇、紅蔥頭、冰糖、蔥、蒜、胡椒……因此醬油的質地和配料的組合直接影響了口味。

我認為滷肉飯最適配的是虱目魚皮湯或魚丸湯、蘿蔔湯，苦瓜排骨或金針排骨也不賴；較濃濁的湯品則非我所好。

吃滷肉飯不宜孤獨品賞，宜在熱鬧歡騰的空間，在服務員的吆喝中，和狂餓的好友搶食。吃滷肉飯不能故作斯文，一定要大口扒飯才夠勁，咀嚼起來才痛快。日前臺北市的滷肉飯大胃王比賽，有參賽者舉口就將飯倒入嘴，再灌水吞嚥下去，嚼都沒嚼一下。滷肉飯一定要熱騰騰的才好吃，那米飯是剛煮好的，將這麼燙嘴的米飯直接傾入胃囊，近乎特技表演。不知他們是如何磨練的喉嚨，竟能如此寬敞光滑？

這種活動自然與美味無涉，倒令人想到豬八戒對待食物的辦法。八戒隨時保持飢餓狀態，例如第二十回，師徒來到一村舍借宿，王姓屋主辦齋款待：「兒子拿將飯來，擺在桌上，道聲『請齋』。三藏合掌諷起齋經。八戒早已吞了一碗。長老的幾句經還未了，那獃子又喫彀三碗」。

有人三分鐘吞下十碗半的滷肉飯；有人為了奪獎，吃到反胃嘔吐。臺灣人工作勤奮，忍勞耐操的程度恐怕居世界之冠，實在需要滷肉飯這種好東西安慰肚腸；卻完全不必像倒垃圾般，將滷肉飯直接倒入胃袋。

我天生是個大飯桶，只要想到滷肉飯，就會想到趙舜、吳清和這種肥友，就會蠢動著洶湧的食欲。

富霸王

地址：臺北市南京東路2段115巷20號
預約電話：（02）2507-1918
營業時間：11:00-20:30，週日休息

阿正廚房

地址：臺北市安和路2段20巷8號
預約電話：（02）2702-5276, 2702-5277
營業時間：11:30-14:30,17:30-21:30

大來小館

地址：臺北市麗水街13巷2號
預約電話：（02）2356-7899
營業時間：11:30-14:00, 16:30-22:00

鹹粥

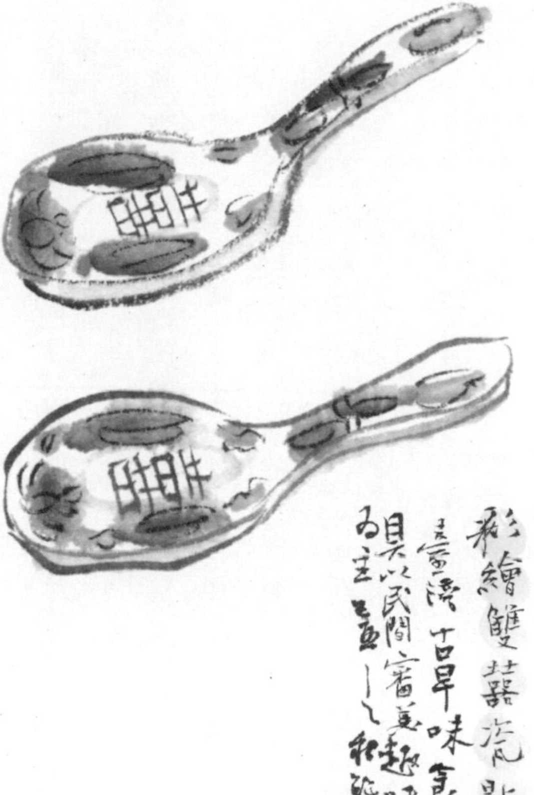
彩繪雙囍瓷匙
臺灣古早味食
具以民間審美趣味

鹹粥源自泉州的「半粥」，最初流行於農業社會時期的臺灣農村。我入學前曾寄居在外婆家，外公的稻田仍請人幫忙收割，下午時分，外婆輒煮一大鍋鹹粥，挑到田地裡分盛給大家吃。秋日下結實纍纍的稻穗，歌詠隊般，在風中規律地搖擺金黃的頭髮，我穿梭在人影稻影間，心頭飽滿著興奮感。那是元氣淋漓的點心，吃完了又吆喝著繼續幹活。

徐珂編撰的《清稗類鈔》將粥大別為普通、特殊兩類：普通之粥包括粳米粥、糯米粥、大麥粥、綠豆粥、小米粥等等穀類熬煮的清粥。所謂特殊，乃是加入燕窩、雞屑、魚塊、牛肉、火腿之屬，用料相當豐富。流行、發展於臺灣的鹹粥即屬於特殊的粥，內容完整而自足，毋需佐以菜餚。煮粥一般多用粳米，延吉街「汐止車頭」則用糯米烹煮，湯底用丁香魚、筍絲、蝦米熬過。

臺式鹹粥的內容南北不同，大抵是北肉南魚，即北部用豬骨熬湯，南部則用魚骨。北部以豬肉為輔料，是為肉粥，商家常兼賣紅燒肉或炸蝦、炸蚵、炸豆腐；南部用魚肉作輔料，是為魚粥，顧客常搭配油條吃，如臺南的「阿憨鹹粥」為虱目魚粥，片薄的虱目魚肉十分鮮美；「阿堂鹹粥」則是土魠魚（鰆魚）粥，土魠魚先煎熟，再剝碎加入粥裡。兩者又皆以鮮蚵作為配角。

南部魚粥的內容豐富，遠勝於北部的肉粥，自然也較貴，如「阿堂鹹粥」的土魠魚粥一碗臺幣六十元；「阿憨鹹粥」的虱目魚肚粥一碗九十元，整大塊虱目魚肚外加牡蠣、魚片，十分豪華。每次想到鹹粥，不免因為自己居住臺北市而自卑感陡生，甚至覺得生活乏味。

幸虧臺北市還有邱氏夫婦在南機場社區賣虱目魚粥，邱先生老家在臺南，有自己的魚塭，每日專程運來新鮮魚貨，我們才有福氣大清早吃到美味細緻的魚粥。

虱目魚從頭到尾幾乎每個部位都可烹製出精美料理，因此店家都兼賣魚肚、魚皮、魚頭、魚丸、魚腸，吃魚粥，再點食魚腸、魚皮，是美麗人間的象徵。這虱目魚腸，其實是魚內臟，包含了魚的肝、腸、胃、心，每一種的滋味不同，口感迥異，彼此卻細膩地合奏，吃進嘴裡那瞬間，彷彿聽到了莫札特。

虱目魚的內臟保鮮困難，冷凍又破壞口感，因此離開產區就不易嚐鮮。我覺得學甲最傲人的文化風景是「永通虱目魚粥」，此店清晨五點即開市，乃因學甲鄰近盛產虱目魚的北門、將軍、七股，人們才吃得到魚頭紅燒醃瓜。

南部魚粥的湯底乃魚骨熬製，極其鮮美。製作時多習慣將湯加入煮熟的飯中，形象接近泡飯，成品通常加一點芹菜末和油蔥提味。然則也不全然，澎湖「阿嬤鹹粥」雖屬魚粥，卻帶著廣東粥的姿態，最特別的是此店的魚肉依時令變化，如春夏用嘉誌魚、秋天用竹午魚、冬日用土魠魚，表現強烈的風土色彩，配料還可加選油條或荷包蛋。

北部的肉粥以豬大骨熬煮高湯，再用浸泡過的生米和高湯一起煮，米要煮透呈半透明狀卻顆粒清楚，這是火候關鍵，趁湯底未變成米漿即撈起米粒，避免煮至糜爛，名曰半粥。迥異於廣東粥的濃稠。

大稻埕慈聖宮前，即保安街四十九巷，是一條小吃聚集的攤販巷，其質量力追基隆奠濟宮口的小吃街，可惜年輕人多不識老滋味，來這裡吃東西的多半上了年紀。慈聖宮前有一廣場，廣場邊老榕樹下擺了些桌椅，算是這些攤販另外共有的開放空間，我歡喜坐在這裡吃鹹粥，有時也會點食隔壁攤的肉包、蚵仔煎，或第九攤的原汁排骨湯。

「葉」記的「肉粥」每碗二十元，調味絕佳，那是鹹粥最素樸的表現，沒有芹菜末、蔥花、香菜，粥呈褐色，顯然是加了醬油，除了米飯，可見的僅蘿蔔籤、肉羹和小蝦米，這碗粥並不因為便宜而敷衍，裡面竟有三塊美味的肉羹。那粥底，嚐起來應是熬過大骨和蘿蔔的湯頭，溫暖人心。我在這裡吃粥，常順便炸些紅燒肉、鮮蚵、蝦仁、豆腐或紅糟海鰻吃。

萬華「老艋舺鹹粥店」營業已一甲子，鹹粥亦每碗二十元，不用醬油，粥呈白色，予人清淡感，上面浮著兩片紅燒肉，和油蔥、豆皮、小白菜、蔥末，有時還會看到筍絲，顏色很好看。蚵仔鮮美，油豆腐、紅燒肉也十分好吃，其紅燒肉色澤較鮮豔，口感較嫩；不同於「葉」記和「周記」的酥脆感。點食時店家會體貼地問：歡喜偏肥或偏瘦？

廣州街「田仔周記肉粥店」創立已逾半世紀，其鹹粥較小碗，呈暗褐色，裡面有一塊肉羹，和油蔥、蝦米和油豆腐碎，此店人氣最旺，然則除了那紅燒肉，其它滋味則稍遜於前述「葉」記和「老艋舺鹹粥店」。

大甲盛產芋頭，「福宴國際創意美食」的「鮮蚵芋頭粥」有大量的鮮蚵和芋頭，再用蔥花、香菜助味，鮮甜的蚵仔和醇郁的芋香攜手合作，委實是我經驗過最豪華、最美味的「鹹粥」。

鹹粥是理想的早餐，更是臺灣人了不起的創意產業，應妥善包裝，行銷全球。

福宴國際創意美食

地址：臺中縣清水鎮中山路18號
電話：(04)262-2875
營業時間：11:00-14:00, 17:00-21:30

「葉」記肉粥

地址：臺北市保安街49巷32號對面
（慈聖宮前）
電話：(M)0916-836699
營業時間：09:00-16:00

老艋舺鹹粥店

地址：臺北市西昌街117號1樓
電話：(02)2361-2257
營業時間：06:00-14:00

筒仔米糕

製器
竹筷龍
臺灣先民食
具選窗乙丑 鈺
製

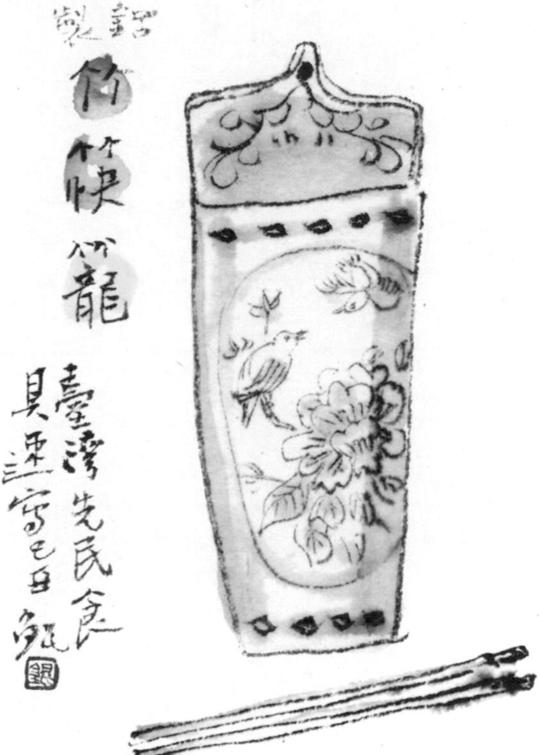

一天早晨去明道中學演講，陳憲仁社長在臺中火車站接了我，先到「民生嘉義米糕」吃早餐：米糕、柴魚湯、滷蛋。這家米糕店表現為簡單美學，所謂米糕其實是以糯米為底的滷肉飯，跟臺南市「小南米糕」一樣。然則美就美在那那鍋滷肉臊，有著古早味的堅持，賣米糕三十幾年來，始終選用乾燥紅蔥酥和豬後腿肉爆香，少了一般滷肉臊常見的油膩味；而糯米飯好吃的秘訣，應該是炊熟後再移入木桶內保溫；香鬆彈牙的米糕搭配甘甜的柴魚湯，十分美妙。

因為這頓早餐，我覺得那場演講充滿了活力，面對學生也慈眉善目。

大學畢業時我賃居在南機場社區附近，常吃夜市「小德張」筒仔米糕配排骨酥湯，米糕軟腴，排骨酥湯濃郁。後來西藏路出現一家「呷七碗免錢」的米糕，小小一碗，份量輕得像懷石料理，一天中午我幾口連吃了兩碗後，升起焦躁的飢餓感，遂對室友堯生、翠芬說吃七碗何難之有？在他們慫恿下，大聲宣布要吃七碗。

很多事跟政治一樣，只能做，不能說。壞就壞在我揚言要吃七碗米糕，老闆可能聞言即升高戰備，送來的第三碗米糕忽然變得沈甸甸地，明顯是用力壓實過，份量陡增，又澆了許多滷汁，我必須一直喝飲料才能解渴。本來美妙的懷石米糕忽然變臉，鹹得要命，一碗比一碗沈重，不祥的感覺襲上心頭。勉強吃到第五碗，已經喝掉一千CC冰紅茶。來不及了，過河卒子只能接受挑戰，第六碗又比第五碗沈、鹹，不行了，我想要投降；到了第七碗，天啊，老闆加了半斤鹽在滷汁裡嗎？

我在意識模糊中，終於以無比堅定的意志克服七碗米糕。老闆並未立刻釋放我，他迅速添置了十幾個空碗疊高在我面前，拿起相機猛按快門。後來那張照片被放大，貼在店門口以廣招徠，照片很像懸賞通緝的罪犯，使我有好幾年不敢靠近那一帶。

米糕即油飯，差別是米糕有時未加作料拌炒；而裝在筒模裡炊熟的就是筒仔米糕，作法是筒模底先鋪墊一塊肉片或一層肉臊，或其它配料如滷蛋、筍乾、蚵乾、魷魚，再填進用香菇、肉絲、紅蔥酥、蝦米拌炒過的糯米，送入蒸籠炊熟，可謂米糕、油飯的精緻演出。

臺灣的筒仔米糕從中部出發，尤以清水最出名，如今各地皆不乏美味的筒仔米糕，諸如花蓮市的「周記」，臺中市的「二郎」，大甲的「阿在」，大雅的「小半天」，清水的「王塔」、「阿財」……我常吃的筒仔米糕是清水的「王塔」，和甘州街「呷二嘴」。

清水「王塔米糕店」是一九三三年王塔先生所創，鋁筒內的米糕有精製的五花肉、蚵乾、蝦米，那香味總是纏綿在嘴裡，難分難捨。「王塔」不僅米糕贊，乾麵、滷蛋、肉羹清湯都好吃。吃一頓米糕的時間很短，客人卻絡繹於途，座位總被佔滿。我發現來吃王塔米糕者不少外地客。從臺北到清水車程一百多公里，為了吃這麼贊的米糕，不遠，不遠。

「呷二嘴」已經是超過五十年的老字號了，原先在涼州街、甘州街口擺攤，二〇〇六年才有了自己的店面。他們將產品分為夏、冬兩類，夏天賣米篩目、粉粿等冰品，冬天才賣筒仔米糕和自製的魚丸、燕丸、貢丸，無論夏、冬，產品都頗有口碑，令我驚訝的是豬血糕竟十分美味。

「大橋頭老牌筒仔米糕」近臺北橋，「大橋頭」招牌可能是被食客叫出來的，指橋下夜市那攤賣米糕的；此橋早年乃連絡臺北縣、市最重要的橋樑，夜市開發得早，知名小吃多。那米糕外圍包裹著一片豬肉，上面附一小塊滷蛋，並澆上肉臊。點食前，店家例先詢問：偏肥或偏瘦？偏瘦是用胛心肉包裹米糕，偏肥則是以五花肉包裹。此店將甜醬、辣椒醬放在桌上，供食客自取。這才是正道，絕大部份的筒仔米糕在端給顧客前先澆淋一大沱甜辣醬，再抓香菜放上去，面對這種泡在紅泥濘裡的油飯，好像紅沼澤上長出植物，我每每不知如何下箸。

澆淋甜辣醬委實是集體的壞習慣。因為米糕的口味已經很重，糊里糊塗就澆淋甜辣醬，徒然干擾米糕的本味；又香菜之味和米糕頗有扞格，實不宜勉強送作堆。

從前的筒仔米糕多以陶筒或竹筒作模子，現在則多用鐵筒、鋁筒。陶筒、竹筒的好處是透氣，炊的過程可排出多餘水氣，高雄橋頭的「廖記」和臺中市的「二郎」即使用陶筒。最糟糕的是「大橋頭老牌筒仔米糕」，明明口味甚佳，卻自暴自棄用塑膠筒炊米糕。

米糕之美表現於一種油香，一種飽實感。其主角是糯米飯，綿密細軟中需保留彈性，這很要緊，因米糕之所以選用糯米是追求彈牙的口感，絕不能在炊煮食用的過程消滅那彈性。

米糕蒸熟前若未先調味，則肉臊是重要配角。已故前臺北市長游彌堅先生鍾愛臺南「矮仔文」的米糕，因為那鍋陳年肉臊，加了干貝、海蝦滷煮，味道特別鮮美。

吃米糕不免口渴，名店名攤都兼賣湯品，如「呷二嘴」自製的各式丸子都在水準之上。此外，大溪「百年油飯」配肉羹湯或龍骨髓湯；臺中市「二郎」配冬瓜燉排骨湯；臺南市「小南」配四神湯或虱目魚湯；麻豆「德春」配魚丸湯；高雄市「北港蔡」配蒸蛋湯、鹽菜鴨湯或魚環湯……「北港蔡」在我出生的鹽埕埔賣米糕，最初每個一元，現在已經是每個三十元。時光飛逝，物價的變化常令我感受到歲月催逼的壓力。

王塔米糕店

地址：臺中縣清水鎮北寧里中興街30之1號
電話：（04）2622-3299
營業時間：09:00-20:30

百年油飯

地址：桃園縣大溪鎮民權路17號
電話：（03）388-1681
營業時間：11:00-20:00，週三店休

呷二嘴

地址：臺北市甘州街34號
電話：（02）2557-0780
營業時間：09:00-17:30

豬血糕

繪有厚殼假的臺灣古
甲湯匙白玉秋月鑑

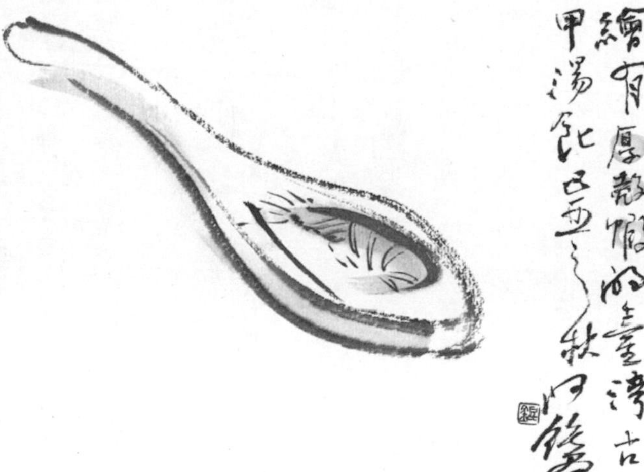

英國旅遊網站「virtualtourist.com」評選全球十大最怪食物，臺灣的豬血糕名列榜首，其後排名依序為：南韓活章魚、烏干達蚱蜢、法國料理的鴿子、馬來西亞榴槤、挪威鱈魚乾、澳大利亞蛾幼蟲、越南蛇酒、義大利驢肉、南非鴕鳥肉。會覺得這十種食物很怪，自然是參與評選者少見多怪，不值得回應。

不過豬血糕之所以被視為十怪之首，大概是覺得豬血作為食物很可疑，他們不曾見識豬血湯，否則恐以為臺灣到處是吸血鬼。

豬血糕又名米血糕，乃新鮮豬血加糯米炊製而成，不僅傳統市場、超級市場皆有賣，幾乎所有類型的火鍋店也都備有此料；也有許多高級餐館烹製成名餚，如連續兩年獲《飲食》雜誌「餐館評鑑」五星榮譽的臺中市日華金典酒店「金園中餐廳」，其年度饗宴「金鴨宴」就有一道主菜叫「錦繡珍珠落玉盤」靈感即來自豬血糕，作法是將鴨血糕用湯匙挖成小球狀，加入杏鮑菇丁，用三杯醬下火快炒後，再以九層塔來增色增香。由於是鴨宴，將豬血換成鴨血，道理一樣。

個別吃豬血糕時，更準確的名稱應是花生豬血糕，蓋此物多見於攤車，蒸熟後置於車上的籠屜內，取食時先插著竹籤如冰棒，浸入蘸醬中，再滾上一層厚重的花生粉，並灑一點香菜葉。這樣的豬血糕有別於火鍋店切成小塊，而須切得大而薄，以便沾惹更多花生粉。它並非吸血鬼的主食，而是臺灣尋常的風味小吃。

我猜想豬血糕源於臺北市的屠宰場，可能就在昌吉街、蘭州街一帶，現在全臺仍以臺北較多見。昔年臺北市北區的豬隻屠宰場，豬血並沒有人要，窮則變通的臺灣人遂提桶去接收，加入糯米中，調味，蒸煮而成，是製作簡單、價格親切的庶民小吃。

簡單，是豬血糕的美感特徵，也是生活的藝術，不矯飾，不包裝，不過度加工，透露一種質樸憨厚的美學手段，可當點心，可作菜餚，又可取代主食，是藍領美食的典型之一。因此吃豬血糕少了正經八百的身段，一支豬血糕在手，可以享受邊走邊吃的快感。有些東西邊散步邊吃，是很痛快的；吾人社會地位越高，吃東西時越拘謹越講究禮儀，這種無形的枷鎖，固然較不妨礙他人的觀瞻，卻也壓抑了自己的樂趣。

坊間大部分的豬血糕多批自工廠，面貌模糊。東南亞戲院前「小李豬血糕」則不依賴工廠，自己調配醬料、自己製作豬血糕，並切成菱形，那豬血糕從籠屜取出，蘸滿花生粉交給顧客時，猶柔軟抖動著。

先決條件自然是豬血要絕對新鮮，好吃的關鍵在於成品的柔軟、香滑口感，柔軟而飽含彈性和嚼勁。除了小李，猶有一些美味的豬血糕，諸如景美夜市「張阿姨豬血糕」、三峽老街「鄭記古早味豬血糕」、鶯歌「老街豬血糕」、南雅夜市「板橋第一家豬血糕」、德惠街一百六十七巷「德惠街豬血糕」，和南機場夜市、迪化街七十號門口的豬血糕……素食麻辣火鍋店「以辣之名」的豬血糕，以海苔代替豬血，沒有了血腥氣，多了清香味，創意十足。

豬血糕可煮可蒸可滷可炸可炒可三杯，放進麻油雞或薑母鴨湯中，更能顯現不俗的身姿。

此物在麻油雞或薑母鴨的高湯中，吸飽了特殊的油脂和香味，融合本身原有的味道。這跟入味不同，無以名之，我稱之為「借味」。蓋豬血糕製作時已調味，入鍋前即擁有自己獨特的味道，勁道十足的米酒頭、爆過老薑的麻油都只是後來才參加演出，協奏原來的主調。

豬血糕啟示我們：最有分量、最令人驚嘆的菜餚，是凝練的菜餚，這種菜餚刪掉了一切多餘的東西，一切可以不出現的東西，只保留非出現不可的東西。這就是自然質樸。然則，烹飪的自然質樸美有些什麼標誌呢？

最近我四處考察客家菜，發現有幾家標榜創新的餐館推出「涼拌蕨類」，作法是蕨菜汆燙後，上面注入大量的美乃滋，再覆以花生粉，有人甚至添灑許多彩色巧克力絲。我料想廚師大概覺得蕨菜略具澀感，才會三八地用美乃滋修飾；這時候的美乃滋、巧克力絲是造作的裝飾，像疊床架屋的形容詞，喧囂而魯莽，徒然消滅了蕨菜原有的清爽，搞得不清不白，如此這般弄得滿嘴美乃滋，不如去喝豬油算了。我問餐館奈何這樣污辱蕨菜？竟回答說點食率很高呀年輕人喜歡。

自然，就是合乎事物本來面目，就是不浮誇、不矯飾的烹煮手段。質樸，就是精確、樸實的呈現。自然和質樸，就是那種看起來正確明瞭、不靠擺飾、不靠吹噓，好像只是隨意揮灑，就能夠把深邃的味道、深沈的意思融合在恰如其分的菜餚當中。

我期待臺灣高廚，充分利用豬血糕，研發出更多佳餚美饌。

小李豬血糕

地址：臺北市中正區羅斯福路4段136巷1號之3
（東南亞戲院前）
電話：02-2368-3417
營業時間：16:30-23:30

張阿姨豬血糕

地址：臺北市景文街69號
電話：0921-957393
營業時間：19:00-22:30

以辣之名

地址：臺北市松山區南京東路4段133巷5弄4號
電話：(02)2546-7118, 2546-7119
營業時間：11:30-14:00, 17:30-22:30

客飯

每當飢餓感特別強烈時，就渴望吃客飯。然則客飯好像快要從現代的餐廳中消失了。

「客飯」是什麼意思？從字面上看，「客」字顯然並非用來修飾「飯」的綴字或形容詞，而是數詞，即一客兩客三客的客，乃論份出售的飯；一份客飯裡包含了一道主菜，湯、白飯、茶水則任意取食。

從餐飲性質考察，還有兩層意義：其一，從前單位食堂供應外來訪客的飯菜。當年我剛到中國時報上班，報社按月發給員工伙食卡，沒卡的訪客則每人十五元，大家拿著鐵盤排隊領菜。啊，好懷念報紙三大張的年代，沒有那麼多資訊垃圾，媒體的影響力深遠，連餐廳的飯菜也不可思議地美味。

其二是餐廳供應包伙客人的飯菜。白先勇短篇小說〈花橋榮記〉裡那些寅吃卯糧的小公務員，就都到小食堂包飯，包飯的多是李半城、秦癲子、盧先生這種「老光桿子」，有的一包好幾年，甚至吃到最後一口飯為止。

客飯都有一種懷舊的表情。臺北有幾家賣客飯的小餐館，招牌常跟「經濟」牽扯在一起，強調價錢便宜，我數次聽見生客會帳離去時，滿意地贊歎：「好划算喔」、「好便宜喔」。

這種店多無菜單，菜色直接書於牆壁，店家提供紙筆，點菜時自己把菜名寫在便條紙上。最典型的餐館是仁愛路「忠南飯館」和濟南路「福園小館」。臺大附近的「峨嵋餐廳」、「重慶川菜」雖非正規客飯，卻接近客飯的氛圍，主要客群是臺大教職員生，白飯以人計費，每人十元，附茶。

忠南飯館免費供應飯、湯、茶，食客只要點菜即可。牆上書寫幾十道菜色，粗分一百六十元、一百三十元、一百二十元三種價位，白飯有蓬萊米、在來米兩種供食客自取，我很歡喜那三大桶白米飯，一打開即轟散蒸氣，那飯香，令人法喜充滿。我常點食的菜包括「魚湯」、「韭菜豆乾」、「泡菜牛肉」、「回鍋肉」、「豆瓣魚」、「紅燒獅子頭」、「蹄花黃豆」……蹄花黃豆除了覆於瓷甕上的豬腳，大量的黃豆摻了些豬皮，豆香滲入豬腳，黃豆吸飽了豬腳和豬皮的油脂，軟爛滑腴，香味綿密。豬腳加入黃豆一起滷，乃外省老兵帶進來的烹飪手段，拓展了臺灣滷豬腳的美學向度。

福園小館標榜江浙菜，其實混搭了川菜、臺菜、客家菜，真正的特色是經濟客飯，我常點食的包括須預定的「煙燻鯧魚」、「蠔油紅蟳煲」，和「紹興醉雞腿」、「醬爆蟹」、「炸小黃魚」、「紅燒划水」、「高麗菜炒臘肉」、「衝菜牛肉」……此店嚴選螃蟹，膏黃飽滿，色豔味鮮，蟹料理遠非等閒大飯店能比；衝菜牛肉冬天才有，製作衝菜的菜心燙過後，密封在罐子裡自然發酵，帶著濃烈的芥末味。可歎竟歇業了。

這類餐館多採家庭式經營，布置通常簡單得有點簡陋，不講究擺盤和裝飾，展現樸素、耿直之美，生意相當興隆。來光顧者多為熟客，我常見客氣的老人家，面帶笑容寒喧，彷彿跟店東成了老朋友。

我認為，客飯的「客」字，更暗含「獨在異鄉為異客」的意思，客居吃食，不免思念著家鄉味。

誰的家鄉？那是一種籠統的鄉愁罷，說不準懷念那一個地方。大部分食客操外省口音；其實不管來自何省，那種口音在臺灣生活了半世紀，鄉音已改，如果他們返鄉，聽在家鄉人的耳裡，早已變成或輕或重的「臺灣國語」。

客飯總是重油而不膩，偏鹹的菜很下飯，滋味彷彿軍營老士官長所炒的菜，也頗像眷村裡的家常菜。

臺灣的客飯帶著離散話語，跟外省老兵有關。曾任軍隊伙夫的老兵退伍後，或開爿小餐廳營生或在餐館掌勺，端出來的總是一些家鄉味。

其實說不準什麼菜系，似乎是江浙菜融合了川、湘口味，總之是各地外省家常菜雜燴一起，諸如蹄花黃豆屬浙江菜，獅子頭委實是揚州菜，回鍋肉屬川菜，炒臘肉無疑是湘菜，酸菜白肉火鍋來自東北……這些菜撫慰了飢餓般的鄉愁，召喚他們的集體記憶；既使後來易主經營，也換了人掌勺，濃油重醬的味道還是存在。

阿伯瓦克（Maurice Halbwachs）認為記憶是一種集體社會行為，現實的社會組織或群體（如家庭、家族、國家、民族或一個公司、機關）都有其對應的集體記憶。我們的許多社會活動，經常是為了強調某些集體記憶，以強化某一人群組合的凝聚。而集體記憶並非是天賦的，那是一種社會性的概念。當集體記憶在一群同質性團體中持續存在，並不斷汲取作用力量之際，其實是做為團體成員的（individuals as guorp members）在記憶。只要一個社會裡有多少不同團體與制度，就會存在有多少不同的集體記憶。

當年隨國民政府遷臺的一百二十餘萬「外省人」，大約有一半是軍人，這些軍人相繼退伍後，形成一個特殊的老兵族群，這個移民族群裡的老兵通常都有著離散身世，都是齊默爾（Georg Simmel）所謂的漂泊的異鄉人，進退失據，不免帶著「落花相與恨，到地一無聲」的蒼涼。

如今如今，當年外省人的家鄉味，已經內化為濃濃的臺灣味。我在中國大陸任何地方都已找不到臺灣客飯的滋味。

忠南飯館

地址：臺北市仁愛路3段88號
預約電話：02-27061256
營業時間：11:00-14:00, 17:00-20:30

峨嵋餐廳

地址：臺北市羅斯福路3段316巷8弄10號
預約電話：02-23655157
營業時間：11:00-14:00, 17:00-21:00

簡餐

搬家後，常想念舊居木柵，除了想念郊區的居住環境，也想念「樂爾」咖啡屋。「樂爾」是我舊家芳鄰，位於木柵路三段四十八巷一弄，這條短不逾五十米的巷弄還有「紅牛屋」、「御神」懷石料理、「藍茵」咖啡屋這些名店，我的么女週歲前即已是「樂爾」的常客，並數度打翻餐桌上的鹽罐、糖罐和胡椒罐，每當她坐著嬰兒車出現，店家都如臨大敵，迅速淨空餐桌，並將玻璃杯換成塑膠杯。我至今清楚記得「樂爾」好吃的梅子雞腿飯、起司蛋糕、烤餅乾，和經營者夏國芬姊妹的笑容。

咖啡店設立的門檻低，開一間咖啡店遂成為許多人美麗的夢想，或創業的起點。臺北街頭隨處可見咖啡店，密集的程度彷彿塞納河左岸；本地咖啡店又常兼賣簡餐，此乃臺灣咖啡店的特色。然則只賣咖啡很容易，加賣餐點就很耗費心力。

簡餐是套餐的簡化，取能快速供應用餐者，因而多出現低成本、耐加熱的食物，同質性頗高，大抵可略別為異國料理和家常菜，前者常見的諸如牛排、魚排、咖哩雞、義大利麵、三明治；後者像紅燒牛腩、三杯雞、宮保雞丁等等。

遺憾一般咖啡店賣的簡餐很隨便，隨便買一些調理包丟進微波爐加熱，他們亂搞，我們竟也瞎吃，使簡餐這種充滿臺灣精神的餐飲文化不能長進。

簡餐中的「簡」是簡化的套餐，不應是隨便、草率的意思。我心目中的好簡餐應具鮮明的個性，除了一杯無可挑剔的好咖啡，絕不能忽略餐點。限於規模，簡餐的種類必不可能太多，亦毋需多，即使僅提供三兩樣拿手菜色，務須追求賞心悅目，或表現美味佳餚，或強調健康養生，或用心計較餐飲情境，或以廉價招攬，總之不可因循怠惰。

中央大學缺乏美食，據我十多年考察，方圓三公里，僅「田園美食屋」和「全家福客家菜館」值得信賴。尤其前者，是一家只賣簡餐的小餐館，顧客大部分是學生，價格相當低廉。

雖則學生是主要客群，郭老闆夫妻仍以獅子搏象的態度備料、烹煮，一絲不苟，餐廳也打理得相當潔淨。店家的堅持，開業四年來已是近悅遠來，每到用餐時間，門外總是排隊等位的人。

「田園美食屋」所提供大抵為家常菜，都很美味，我較常吃紅燒牛肉麵和豬排飯。那牛肉麵，依我看，委實是全臺灣最好的牛肉麵之一，從湯、麵到肉，都是耐心仔細烹製的珍品。豬排有煎、炸兩種，都將肉香肉味表現得無懈可擊。

套餐除了主菜之外，另附蔬菜、煎豆腐、湯、飲料，蔬菜中我最常吃到高麗菜炒蛋，湯則是魚丸湯。這種簡餐家常到很不起眼，幾乎令人不想一顧。然則，一切美好的事物往往是質樸的。質樸，不僅僅是一種美學觀，也是一種飲食美的本質。從飲食的角度來看，所謂質樸美，就是平易自然，即使修飾也要修到讓人家看不出來斧鑿的痕跡，呈現一種家常的真實美。

就以那碗白飯來講，米飯煮得極用心，粒粒晶瑩彈牙又飽滿米香，飯上擱了三條漬蘿蔔，亦漬得很講究，和白米飯、黑芝麻合奏出美味。連煎豆腐亦十分講究：裹蛋液用蔥花細煎而成。

一個好廚師，必須使他的菜餚給人純樸的印象，而不是矯揉造作。純樸是有說服力的，而矯揉造作則適得其反。這種純樸美不是低級動作，反而是高級動作。如果菜餚太花俏、堆砌、鋪張浮誇，其意旨一定會不清不楚，根本談不上美感。

「向日葵花園餐廳」是另一家我心儀的簡餐，這間小餐館開立於一九九〇年，特色是供應葡萄酒，室內最醒目的是一排酒架，和琳瑯的酒款；戶外布置了一個迷你的歐式庭院，和露天咖啡座，似乎顯示裡面是融合法、義、德式的歐陸料理，料理大抵都很美味。我歡喜約朋友在這裡小酌，有時吃些牛排、煎鮭魚、紅酒燴雞、羊排、鵝肝醬捲、燻鴨胸肉……從前菜、主菜到甜點，多做得很專業。無論白天或夜晚，在這裡，時光的腳步好像慢了下來，生活忽然悠閒了。

田園美食屋

地址：中壢市中央路216巷8-1號
（中央大學後門）
電話：（03）420-3115
營業時間：12:00-14:00, 17:00-20:00

向日葵花園餐廳

地址：臺北市和平東路1段141巷7號之2
電話：（02）2391-9722
營業時間：11:30-01:00

臺式日本料理

生活中常常有一股內在驅力，驅使我去覓食日本料理，這種吃食欲望非常即興，每隔一段時間就嚴重思念著。我鍾愛日本料理，愛它敬重天地、疼惜自然，它比世界各國的料理要尊重食材的原味，因而無論刀工、調味、烹煮都追求清淡。

清淡是一種舉重若輕的美學，日益影響當今的飲膳觀念。日本統治過臺灣半世紀，料理上的某些習慣和手段，臺灣人選擇性地，將它內化為飲食生活，甚至演變成混血臺菜。明顯的例子是大街小巷很尋常的平價日本料理。

這種店不像懷石料理那麼昂貴，那樣行禮如儀；而是生猛有力，帶著濃濃的臺客味，無以名之，暫曰臺式日本料理。它們的生魚片不會出現紫蘇葉，通常是鋪墊著白蘿蔔絲；也鮮少用新鮮的山葵研磨，而是以芥末醬取代，芥末醬混溶在醬油中，食客整片蘸滿，吃法很豪邁。

我想像貧窮的時代，貧窮有貧窮的變通，沿襲日久，日本料理在臺灣遂發展出一種獨特的庶民性格——缺乏一絲不苟的態度，也毫無正統日本料理的拘謹、上菜節奏，餐具和菜餚的形式更顯隨便。這種店多有一種老紳士的氣息：可能受過日本教育，言談一絲不苟，自我意識到地位高人一等。

南京西路「第一壽司屋」已有53年歷史，堪稱平價，我偏愛此店的關東煮、鰻魚飯、蛋包飯，和生魚片、握壽司。關東煮裡的白蘿蔔、蒟蒻、高麗菜捲、油豆腐、米血糕，和魚漿類製品都是我常吃的食物。

從食物到侍者都透露濃濃的臺灣本土味——幾乎沒有裝潢，料理較粗枝大葉。例如我常吃的蛋包飯，有時一盤蛋包飯可能出現一兩粒未炒到番茄醬的白米粒，不協調地橫在蛋皮旁。

我在日本吃生魚片都很薄，薄得幾近透明，可這裡好像信奉碩人美學，生魚片多切得很厚。桌上擺了一瓶龜甲萬醬油供食客取用，生魚片有一定的表現，鮮度、甜度都可圈可點，可惜還是無紫蘇葉搭配。沒有紫蘇葉的生魚片，彷彿沒有愛情的青春。

最具特色的可能是握壽司，醋飯鬆中帶著紮實感；魚新鮮，上面已淋上帶甜味的醬油膏。如今握壽司風靡全球，臺灣味獨樹簡約風格，迥異於俄羅斯、西班牙、印度、法國壽司。製作握壽司要快，要輕，以免手溫影響食材，或擠壓過度而敗壞口感。從前我看日本漫畫《將太的壽司》，饞涎滿溢，不能自己，常常餓狼般惶遽尋覓握壽司；現在我的么女酷愛握壽司，可能跟當年這本漫畫有關。日本這類飲食漫畫如《築地魚河岸三代目》、《料理仙姬》、《神之雫》……劇情編得很動人，製作多十分嚴謹，初學者閱讀甚至可增進常識。

西門町「美觀園」創立已六十一年，乃大眾化日式料理的代表，老臺北人的厝邊。後來生意興隆，遂在對面開了分店，兩棟三層樓的賣場使它在風格上很像量販店。這種量販性格非僅表現於外觀，也形諸內涵。一甲子以前，美觀園賣生啤酒、生魚酢飯、炸豬排、咖哩飯、蛋包飯、關東煮；現在客群更廣、菜色更夥，舉凡生、炸、煮、烤、飯麵一應俱全。

一般日本料理店多習慣搭配清酒，美觀園卻以生啤酒聞名，創立之初在西門圓環擺攤，那塊店招「生啤酒」三個字遠大於店名，他們太會賣啤酒了，賣到讓公賣局來表揚。生啤酒幾乎成了另一種招牌，老顧客來這裡用餐，多會喝點生啤酒，特別是1,800cc的「天王杯」，很生猛的路邊海產攤風格，喧鬧的氛圍，帶著卡拉OK的性格。

從前臺北人到西門町看電影，在美觀園吃飯，曾經是高尚的生活格調。

這是早期台灣菸酒公賣局的啤酒包裝
己丑之秋
酒啤生
DRAUGHT BEER
PILSENER TYPE
TAIWAN BEER
酒啤灣台

不過很多臺式日本料理店的炸排骨頗為恐怖，那肉排總是炸得太老太柴，調味又太重，再入鍋滷製，使麵衣如糊，難以下嚥。

「第一壽司屋」炸豬排所裹的麵包粉較細，使外皮顯得薄；遺憾它仍然太依賴美乃滋，不僅炸豬排，龍蝦、明蝦，甚至生菜沙拉裡面都是一大沱。

我不得不指出，日式豬排最好用平底鍋炸，而且不可放太多油，這點跟臺式炸排骨用大油鍋迥異。豬排一定要先拍打，將筋打碎。麵衣直接關係炸豬排的優劣，臺客版炸豬排常習慣裹上一層厚麵衣，不免遮掩了肉香。臺中金典酒店主廚進藤顯司的作法是先裹上一層薄玉米粉，均勻沾上蛋液，再裹一層薄薄的起司粉和麵包粉，不妨參考。

萬華「三十三間堂」是另一種型式的臺客版日式料理。日本京都有一家觀音廟古蹟，叫「三十三間堂」，因堂內有三十三個柱間，故名。臺北這家「三十三間堂」不是觀音廟，只是挪用這日本名字作為日本料理店。雖曰日本料理店，卻已然徹底臺灣化，其實並不像日本料理，應稱為日式臺菜。此店沒有菜單，以當令食材上菜，收費較高。

三十三間堂予我高級日本料理播放偶像團體流行歌的感覺。老闆娘總是歡喜和各桌客人聊天，有點口無遮攔。我每次在裡面用餐，不時見她開朗、粗俗的吆喝和說笑聲，有時還會幹譙人客，乍看像人來瘋，其實不然；那是一種表演，一個熟女周旋在眾熟男之間的味道。

我獨自用餐又時間緊迫，喜食天丼（炸蝦蓋飯），可惜這類店的炸蝦多很遜，令人洩氣，只好改吃鰻魚飯。「丼」音洞，原意是狀石頭落井聲，現在特指放食物的寬口容器，「丼飯」即蓋飯。

蓋飯本來就特具庶民性格，日本詩人長田弘有一首詩〈天丼的吃法〉，強調炸蝦蓋飯最要緊的是醬汁，並以演員為喻，說它不是名演員的食物，而是龍套角色的吃食，「我不夢想當名演員。／只要跑龍套吃炸蝦蓋飯。／每天重複做同樣地工作，／然後死去，休息。／伯父喜歡炸蝦蓋飯直到死去。／伯父的人生連尾巴都沒剩下來。（名題の夢なんかゝらないゝ。／おれは馬の足に天丼でいゝ。／毎日おなじことをして働いて，／そして死んで，ゆっくり休むさ。／死ぬまで天丼の好きだった伯父さん。／伯父さんは尻尾だけ人生をのこしたりしなかった）。」

有些屬於記憶的老餐館，令許多深情於囊昔歲月者猶鍾情於它，像臺式日本料理，從來也不花俏，只在乎端出來的東西。我越來越相信，美好的食物都帶著老實的本質。

第一壽司屋

地址：臺北市南京西路302巷9號
電話：（02）2558-1450
營業時間：11:30-15:00, 17:00-21:00

美觀園

地址：臺北市峨嵋街36號，及47號
電話：（02）2331-7000, 2331-6177
2331-0377, 2361-8777
營業時間：11:00-21:00

薑母鴨

有一次，女兒看到路邊「薑母鴨」的招牌，疑惑地問我：「為什麼一定要用母鴨？不用公鴨？」我說這塊招牌要用臺語發音，薑母的「母」是形容詞，老的意思，無關鴨子的性別。

薑母鴨最初連接了臺灣人的「補冬」、「轉骨」觀念，咸信它能舒筋暢脈，祛寒暖胃補氣血，乃冬日尋常的美味。

從前的臺灣社會有一個迷信：女子不能吃薑母鴨，否則皮膚的毛細孔會像鴨的羽毛般粗大。這種謠言一定是貪婪又小氣的男人杜撰出來的，面對美食，竟深恐自己的老婆和姊妹來分享。

此物源自漢人的食補文化，流行成臺灣的街頭小吃不過是近二、三十年的事。食補意識在臺灣根深蒂固地發展，為了延年益壽或養胃健脾，被視為奇珍異饈的野生動物遂進入藥膳名單，甚至許多小吃也帶著食補觀念；為了止瀉固精，薑母鴨裡有了鴨睪丸。

薑母鴨最要緊的是那鍋湯——先以黑麻油翻炒老薑和鴨肉至熟，再用米酒和中藥材熬煮。中藥材其實是可有可無的龍套；主角自然是鴨肉塊，以紅面番鴨為尊，此鴨體型大，肉質豐厚，較耐燉煮，酒和麻油又令它久煮不柴，且越煮越香越甘。

這種專賣店往往不需要招牌；若有招牌，命名多帶著草莽氣，如「霸王」、「霸味」、「帝王食補」、「君王」、「皇宮」、「至尊」……雖然命名力爭尊貴，卻是市井吃食。

我最常吃的是「帝王食補」和「霸味」。這些店從來不會出現高雅細緻的裝潢，通常是簡陋的吃食環境，鬧哄哄的氛圍，帶著濃烈的野性。因此，若巧遇稍微周到一點的服務員要懂得感恩。我常見食客頻頻起身，尋找餐具、濕紙巾、面紙，或醬油、辣椒、豆腐乳醬；大家都不以為忤，常嘴角流油，邊走邊嚼食鴨肉。

三重的「霸味薑母鴨」老店可能是生意最興隆的薑母鴨專賣店，連著三間店面還不夠，桌椅擺到了人行道上，蔚為奇觀；此外還開了不少分店。在臺灣，生意太好的飲食店，服務員多板著一張臉，好像很不耐煩顧客頻頻上門，好像這些不斷進來的顧客都是來賒賬或乞食的。

有一晚，服務員將碗碟匙筷丟在我桌上，可能丟的力道過大或準頭不對，那根鐵湯匙順勢掉到地上，他回頭，好像埋怨我沒立即接住，憤而撿起湯匙離去，不再理會我。沒有了舀湯撈鴨肉的工具，我只好自力救濟，到處尋找湯匙。

此店使用炭火和陶爐煮鴨，剛升火時煤炭的火星不免隨煤煙四處飄升，我一邊閃躲火星一邊想到近年來臺灣有些不幸的家庭燒炭自殺，恰巧竟看見牆壁上貼著一張告示：「本店已為顧客向富邦保險投保二千四百萬，請顧客安心食用」。我不可能知道保險的具體內容，也不明白要安心的究竟是什麼？食物嗎？還是煤煙或火星？天幸賤軀頑強，終於安全吃完薑母鴨。

薑母鴨的吃法類似火鍋，可邊吃邊續料。不僅鴨肉，鴨肝、鴨心都很好吃。豆皮、鴨血糕、菇蕈類也都能豐富那湯鍋的內容。不吃白飯時，不妨吃一份麻油拌麵線。

高麗菜是美妙的搭配，有時我們太專心吃鴨，忘記高麗菜這配角，它並不因而自暴自棄，一方面釋放自己的甘甜，一方面吸收湯汁的精華，即使煮爛了亦有另一番風味。茼蒿雖然味美，卻不耐煮，須掌握燙煮的時間。

吃薑母鴨別怕米酒，那鍋麻油炒香的老薑鴨肉湯，需要米酒的陪襯才能彰顯特殊的香醇和甘美，怕酒的人不妨請店家只注入半瓶，並將酒精燒至揮發。從前一隻紅面番鴨要用五瓶紅標米酒去煮，紅標米酒大幅調漲後，店家只好採用其它米酒取代，使薑母鴨的風味大遜，這真是臺灣史上的一場災難。

遺憾所有的薑母鴨店都在夜晚營業，而且生意是越晚越旺。我納悶薑母鴨只能當晚餐或宵夜嗎？中午吃不好嗎？薑母鴨這種食物一不小心就會吃太多，實在不適合夜裡吃，蓋人體到了夜晚，代謝循環較為緩慢，此時暴食薑母鴨，不免增加了身體的負擔。像我這種半百老翁，就受害匪淺。

臺灣人愛吃鴨，所消耗的鴨多用於煮薑母鴨。薑母鴨已形成臺灣特有的庶民文化，其工藝、食材都簡單而質樸，自我表述著多元意義，生猛，又略帶嘉年華式的愉悅，二三十年來正型塑著我們的集體記憶。

這年頭我們很習慣強調主體性，歷史的主體性，語言的主體性，文化的主體性，這個主體性那個主體性，一直虛構並改寫飄浮不定的主體性。我卻在一鍋薑母鴨中認同了臺灣的主體性。或許，我愛上的非僅食物，更是一種深度，一種活躍的庶民文化。

霸味

地址：臺北縣三重市重陽路1段98號
電話：02-29877904
營業時間：17:00-02:00

帝王食補

地址：臺北縣板橋市長江路3段132號
電話：02-22530360
營業時間：16:00-04:00

菜尾湯

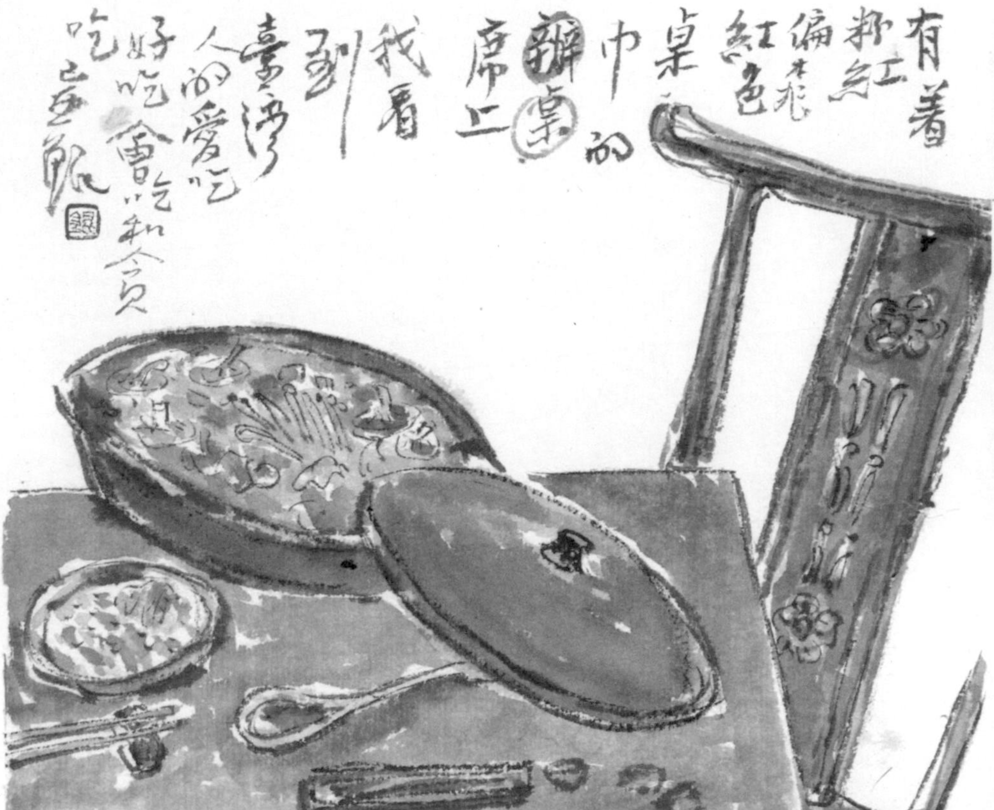
有著粉紅色偏桃紅色桌巾的辦桌席上我看到臺灣人的愛吃好吃會吃和貪吃

菜尾，閩南語意謂吃剩的菜餚。臺灣的菜尾湯又名雜菜湯，源自「辦桌」，從前請人外膾，筵席結束後，主人會將全部剩菜倒入大桶中。在貧窮的年代，那些賓客沒吃完的剩菜不會拿去餵豬，而是分裝在塑膠袋裡，私下送給親朋鄰舍，帶回家燴煮，竟饒富滋味。我小時候最歡喜吃「菜尾」，好像什麼東西都在裡頭了，特別下飯，運氣好還能撈到珍貴的食物像零星的魚翅、干貝。

菜尾湯即雜菜湯，有一種特殊味道，老臺灣的味道，性質接近佛跳牆，都廣納多種熟食再加以燴煮，雜味紛陳又融為一體；不過菜尾湯卻相對清淡多了，不似佛跳牆那麼濃稠厚重。

懷舊也可以成為流行的符碼，頗有一些人就愛消費昔時風情，像仿古器皿和農村擺設，食物像豬油拌飯。如今，菜尾湯也能網路下單宅配。從前宴客的賸餚殘羹，不免略帶發酵的酸味；現在刻意烹煮的菜尾湯，輒用酸菜來取代酸味，衛生多了。

自製菜尾湯不妨以「白菜滷」作基本鍋底，先用豬大骨熬湯，煮白菜、香菇、蝦米、扁魚、豬肉和大蒜、油蔥，再加入酸菜、豬肚，庶幾接近菜尾湯風味；若參加干貝、蝦仁、木耳、白蘿蔔、金針菇、花枝、鵪鶉蛋、鴨肉、肉羹、排骨、筍，令這些食物共治一爐，互相闡發，肯定是豐盛美味。

臺中市好像特別熱衷菜尾湯，諸如豐樂里「樹德山莊」、忠明南路「三嘴滷」、美術館綠園道「牡丹亭」、美滿街「迷你美食店」的菜尾湯，都是店家的招牌名餚。「三嘴滷」紅磚屋前擺置一輛舊腳踏車和朱紅牛車，店內是從前小學教室的課桌椅、老縫紉機，表現為詹明信所謂「對當下的懷舊」（nostalgia for the present），透過食物來捕捉一去不返的從前。

「樹德山莊」是最典型的例子，晚餐開賣到凌晨二時結束。一天去臺中考察餐館，黃昏時約邱貴芬、徐照華、陳憲仁在這裡聚餐，天色很快就暗了，晚風吹著吹著吹拂稻浪吹拂夏天的汗衣，忽然就涼爽了。

這是是閩式三合院土埆厝，佔地一千兩百多坪，建於一九〇七年，主人是日據時代的里長（保正），建築大抵保持原貌，正門牌樓亦是百年前的樣子，在夕陽下顯現斑駁的風華。這種土埆厝的建材是混合當地的泥土和稻殼，再曬乾、切塊，具有冬暖夏涼的優點。現在，山莊傳到何家第四代何瑞斌先生，是這位掌門人，挪出一半祖厝，轉變成了餐館。

行政區雖然在臺中市，山莊座落於田野小道旁，門口即是農田，帶著一種都市裡的鄉村農情，裡面有農場和水池，種植各種蔬果並飼養多種牲畜和水產，像一座城堡，能自給自足。這種名符其實的古厝，絲毫不必裝模作樣就瀰漫著古老氛圍，屋內所擺設的舊器物全是祖先留下來的：燈籠、日據時代的皮座椅腳踏車、泛黃漫漶的照片、犁具、打穀機、龜印、紅眠床、梳妝台、掛鐘、斗笠、簑衣……牆上吊掛著的木板和篩網書寫民諺，沒什麼規則或設計感，就是用歷代相傳的東西，拼貼了一大堆懷舊符碼。

樹德山莊賣的多是臺灣早年的農稼菜。山莊門口立了一塊告示牌，用閩南語表明「做食時間下埔」、「休睏時間半暝」幾點，「訂桌番號」多少，十足的臺味正呼應所提供的菜餚。

來這裡吃飯，不宜錯過季節野菜，山莊裡的野菜有三十幾種，如刺蔥、昭和草（山茼蒿）、過溝菜蕨（過貓）、龍葵（烏甜仔菜）、馬齒莧（寶釧菜、豬母草）、地瓜葉、日本香菜等等。最出名的招牌菜「樹德古味菜尾」，幾乎每一桌必點，裡面有魚板、蝦、貢丸、排骨酥、散翅、筍絲、豬肉片……此外，用刺蔥涼拌豆腐及油炸，香味特殊。「魷魚蒜」和「陳年老菜圃雞」亦是臺味十足的佳餚，後者用15年陳年老菜脯，與蒜頭、蛤蜊共燉，令湯內一起展現陳香和鮮香。

臺中「牡丹亭」位於美術館綠園道，得天獨厚的外在環境。建築物四周皆是透明落地玻璃，室內則以粉紅色系為主調。其「臺式菜尾鍋」內容豐富，有鵪鶉蛋、金針菇、豬皮、豆皮、粉絲、蝦、芹菜、排骨、魷魚、筍絲、蘿蔔、芋頭、鯊魚皮、蟹肉棒、雞心、蝦米、白菜、鹹菜。酸筍和鹹菜使味道偏酸。這道菜介乎火鍋、佛跳牆之間。

「元園廖媽媽的店」是臺中出名的客家餐館，「客家菜尾」內有白蘿蔔、筍乾、鹹菜、排骨，味道也偏酸，稍顯油膩，在菜尾湯中算是相當簡單的類型。

高雄市「赤崁擔仔麵」也賣起菜尾湯——自然不是到處收集人家沒吃完的剩菜回鍋烹煮，而是用豬油爆香蝦米、扁魚、蒜頭，再燴煮排骨、竹筍、金針、香菇、大白菜，模擬古早的滋味。

臺南「阿美飯店」的沙鍋鴨也帶著菜尾的滋味，一鍋一鍋地賣，裡面除了一隻老母鴨，另配有金針、鵪鶉蛋、豆腐、魚丸、白菜、扁魚、秀珍菇，以豬骨高湯為底，文火慢燉三小時，至鴨肉軟爛。我認為，那滋味絕佳的沙鍋鴨，美麗了民權路，也是臺南市重要的風景。

菜尾湯帶著濃厚的即興成分。蓋臺式宴席菜不外乎燉雞、燒魚、肚片湯、佛跳牆、清蒸蝦蟹等等，有經驗的人會先準備鍋盆，將剛撤離餐桌的好料撿選入自備的容器裡。我結婚時在高雄「辦桌」，喜宴未結束，幫忙的親朋已開始分發塑膠袋給賓客，或打包菜餚，或自取菜尾，害我不知繼續坐著吃飯，還是立刻站起來送客。

上海自古有類似菜尾湯者叫「剩落羹」，徐珂《清稗類鈔》記載此羹乃上海乞丐的美食，「食客既果腹而行，其席次所餘之羹肴，餐館役人往往從而檢之，雜投於釜，加以烹飪，而置之碗中以出售，曰剩落羹，與食肆中所售之全家福、十錦菜略相等，每碗僅售十錢，亦自為乞丐所易得者也。而此羹有時尚有零星之燕菜、魚翅在其中焉。吾恐中流社會之人，或有終身不得一嘗，而將自悔其不為丐矣」。當時收入較少的乞丐，每天還可以得到一百多錢，區區十錢，就可以吃到菜尾湯，日子真好過。

菜尾湯十味雜陳，帶著大鍋菜的況味，表現為一種混搭美學。

阿美飯店

地址：臺南市民權路2段98號
電話：06-2264706
營業時間：10:00-21:00

樹德山莊

地址：臺中市南屯區豐樂里楓樂巷7號
電話：04-23823861
營業時間：17:00-02:00

牡丹亭

地址：臺中市西區五權西三街37號
電話：04-23755559
營業時間：10:30-22:00

元圓廖媽媽的店

地址：臺中市文心路3段205號
電話：04-22960667
營業時間：11:00-14:00, 17:00-22:00

羊肉爐

魚子餘通
羊事百從
吳台灣人的
生洗祈福
己丑河瓶魚草
碟椅林口
國

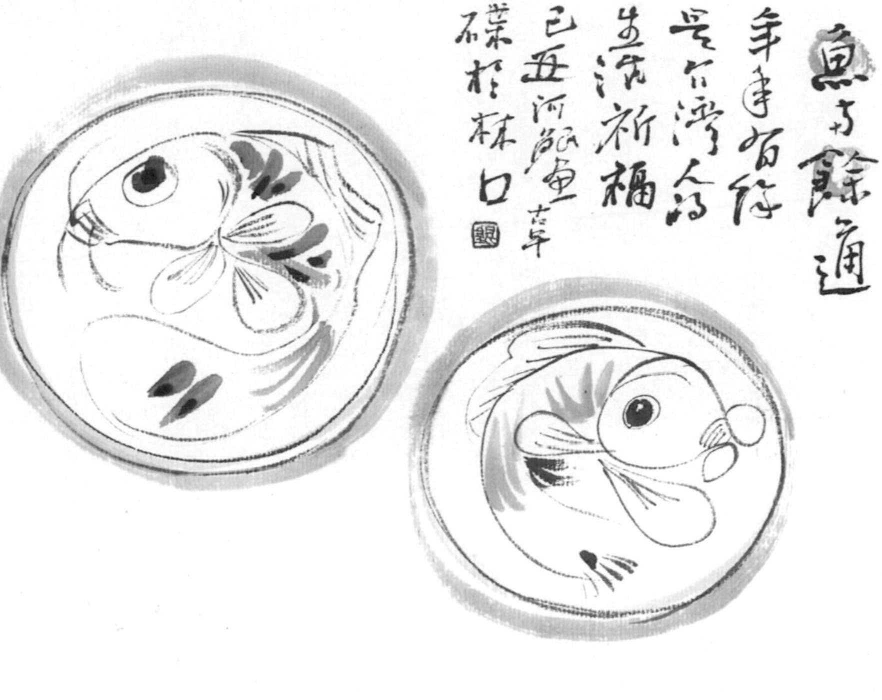

羊易於放牧，繁殖、生長又快，地球上不吃羊肉的風俗又遠比不吃豬肉、牛肉者少，普遍為人類所鍾愛。

中國北方吃羊肉以涮肉片為主，從食材、刀工到作料，無一不精，非但切出來的肉片須其薄如紙、顏色透明，還得選用不腥不羶的「西口大尾巴肥羊」，唐魯孫說羊販「一過立夏就把羊群趕到張家口的刺兒山歇伏，那裡林壑幽深，流泉漱玉，碧草如茵，修柯戛雲，羊群在水歡草肥的環境裡，自夏徂秋隻隻養得又肥又壯，牧羊販子把羊群一撥一撥的趕下山來，一站一站的往北平趕，等到了西直門外，據說還要圈個三五天，讓羊群喝足了玉泉山流到高亮橋的泉水，再趕進城來宰殺」。

臺灣人也吃涮羊肉，卻無法這麼講究，將羊肉細分為十幾種部位諸如「黃瓜條」、「上腦」、「下腦」、「磨襠」、「三叉兒」、「肚條」、「軟裡脊」……臺灣的進口羊肉都被凍得瓷實，再用機器刨出，成為捲筒羊肉。然而也毋需自卑，我們發明了羊肉爐。

涮羊肉與羊肉爐的主要差別，在於前者將肉往薄裡片，要吃的時候才入鍋涮熟；後者用肉塊燉煮。其次是湯底，前者秉火鍋工藝；後者是加中藥材燉補，多熬煮數小時。

臺灣只有溪湖的羊肉爐將肉切薄，接近北方的涮羊肉。

熬湯底的中藥材常多達數十種，故每家名店都有獨門秘方，因而風味殊異。這些中藥材不外乎當歸、黨蔘、枸杞、川芎、黃耆、熟地、陳皮、黑棗、紅棗、甘草、桂枝、肉桂子、淮山……另外不可或缺的是蒜頭、老薑、蔥、米酒。至於肉塊，輒先用麻油、老薑爆炒，以增添香味緊實度，再和大骨一起燉煮。

這是臺灣很普遍的庶民補品，到處有美味的羊肉爐，諸如基隆「吳家」，永和「小德張」，新莊「羊城林」，竹南「越式」，彰化「阿本」，溪湖「阿枝」，斗南「日日興」，阿蓮「滿福土產」，岡山「明德」、「源座」，高雄「水源」……連綠島也有「東昇」、「福記」這款好爐。

每家店都各擅勝場，一般皆強調選用本土羔羊，不過桃園市「來來正港現宰羊肉」卻標榜選用兩歲成羊，謂其肉質成熟穩定，並每天從北港運來活羊，完全不加冰凍。溫體宰殺，幾乎是羊肉爐的美學共識，「重炭燒火炭羊肉爐」揚棄冷凍羊肉，特色是不用大鍋熬湯底，個別用小甕燒製：將溫體生羊肉、大骨、中藥材裝入甕內，再加米酒浸泡數小時，用炭火熬煮近一小時，湯頭香醇，肉質鮮嫩，嫩中帶勁。

「阿里不達」的內容豐富，爐內有蘋果、番茄和大量蔬菜，令湯頭分外甘甜。有趣的是店家強調採用太監羊。選用公羊是正確的，蓋母羊難免腥羶；但我不能輕信閹割的公羊，會比不閹割的美味。

傳統羊肉爐多使用陶鍋，我家附近的「莫宰羊」卻用鐵鍋和瓦斯，羊肉則來自紐西蘭、澳大利亞的冷凍品，調味尚可，但炊具和肉品都相對遜色；不過此店有一獨家口味：將吸管插入羊骨之中，吸吮肥嫩奇香的骨髓。

吃來吃去，我還是偏愛「金吉林家」的羊肉爐，這店生意興旺，每天下午七點以後，兩間店面一定擠得滿滿的，如果不想站在寒風中苦候，最好店開門就來搶位子。羊肉爐可以選擇搭配的種類有薑絲、菜心、菜頭、苦瓜、蘆筍、蒜頭、冬瓜、竹筍，和晚近推出燒酒羊。我尤其喜歡菜心羊，菜心的清甜，和羊肉的香腴，再加一點枸杞、薑絲、蛤蜊在裡面沸滾，合奏出不可思議的美味。

店家標榜選用的是土產閹羊，當天現宰現賣。據說活羊購買回來後，繼續放養兩三個月，讓羊隻充分運動，使肉質更結實。這一點，我倒是半信半疑，又不舉辦禽畜運動會，肉味鮮美與否，並非依靠一生的運動量。

可能源自冬令食補的觀念，絕大部份羊肉爐習慣加進中藥材或藥酒，「林家」不來這一套，而是用羊骨熬製高湯底，讓湯中充滿肉質香，再讓蔬菜、蛤蜊和羊肉共混一爐，使那鍋羊肉爐，清，鮮，甜，入口帶著餘韻，展現脫俗的風采，讓人一眼就愛上它，一口就，就難分難捨。煮在羊肉爐裡的是帶皮羊肉，有著稍韌的口感，相當彈牙。來吃的人多會加點一份生肉片（腰內肉所片，新臺幣七百元，確實有點貴），涮著吃，水嫩鮮甜。一下子吃韌肉，忽然嚐嫩肉，形成吃羊肉爐的主題變奏。

我曾經在羅馬街頭，隨便走進一間小教堂，竟然在裡面看到米開朗基羅的作品，不期乍遇美的感動，眼淚忽然奪眶而出。我何其有幸，能居住在這城市，隨時吃得到這麼美的菜心羊，每次看芥菜心和羊肉在滾湯中翻騰，感動得必須忍住眼淚。

「林家」已經是搞羊專家，羊肉爐靚得不得了，滷味也很棒。我特別愛吃滷羊腳，滋味猶勝過優質的滷豬腳。此外還可以或燙或炒羊尾、羊鞭、羊心、羊肝。然則羊肉好吃，卻不供應白飯，未免遺憾。白飯除了能體貼嗜米食的顧客，也是讓味覺歸零的重要主食，可以立刻紓解飢餓感；此外，當我們吃了那麼多羊肉蘸腐乳汁，亟需讓味蕾喘息，再重新出發，嚐試別款食物他種味道，例如吃完燙羊心，想嚐滷羊腱，這時吃一口白飯就能拭去先前留在舌頭上的味道。獃子才會整餐只吃羊肉。

「林家」只賣麻油麵線。這就不對了，賣白飯的利潤雖薄，卻不可不備。如果嫌它沒賺頭，賣貴一點就妥當了，豈可完全不賣？何況，他們的麵線相當一般，不值得大驚小怪。

一鍋好羊肉爐總是令人贊美冬天。中醫的觀點認為，羊肉味甘而大熱，性屬火，食後可補中益氣，安心止驚，開胃健力。體驗羊肉爐，宜在熱鬧滾滾的情境，以呼呼寒風作背景音樂。

金吉林家養生蔬菜羊

地址：臺北市吉林路327號
電話：(02)2592-5174
營業時間：17:00-04:00

「重」炭燒火炭羊肉爐

地址：臺北市民權東路2段135巷31號
電話：(02)2503-6213
營業時間：16:00-01:00

阿里不達太監羊肉爐

地址：臺北市忠孝東路5段558號
電話：(02)2346-5868
營業時間：11:30-01:00

莫宰羊

地址：臺北市新生南路3段28號
電話：(02)2369-1466
營業時間：11:00-14:00, 17:00-01:00

豬血湯

我在金門服役時，曾參與花崗岩醫院工事，那地底醫院的工程非常艱難，幾乎挖空了一座花崗山。有一段日子，我們天天拿鐵鍬走進爆破後的坑道，在石屑煙霧迷漫中鑿掘。

營長施恩般，請伙房煮了一大鍋豬血湯賞給士兵吃，集合部隊訓話：「吃豬血可以清肺」。那時候我就明白高高在上的人都很會胡扯。部隊殺豬，他們吃豬肉，豬血倒掉又覺得可惜，就用來安慰一下士兵的心理，卻無助於每天被花崗石粉折磨的肺臟；不然，何以從不跟我們走進坑道，再出來吃豬血？

豬血清肺，恐怕只是民間傳聞。明．李時珍編纂的《本草綱目》只說它的氣味「鹹，平，無毒」，主治「生血，療賁豚暴氣，及海外瘴氣」，並無隻字說豬血有益肺臟。

倒是孫中山先生在《孫文學說．行易知難》中大讚豬血：「含鐵質獨多，為補身之無上品。凡病後、產後及一切血薄症之人，往時多以化煉之鐵劑治之者，今皆用豬血以治之矣。蓋豬血所含之鐵，為有機體之鐵，較之無機體之煉化鐵劑，尤為適宜人之身體。故豬血之為食品，有病之人食之固可以補身，而無病之人食之亦可以益體。而中國人食之，不特不為粗惡野蠻，且極合於科學衛生也」。以一個醫學家的口吻，說西方人起初鄙夷中國人吃豬血，現代醫學卻證實此物的療效。孫中山是偉大的革命家，他從政治戰略的高度，比較中、西飲食文化，並納入《三民主義》、《建國方略》的思想體系。我很納悶，過去大專聯招考三民主義，從來不見這方面的試題，那麼多年來的出題委員都是豬腦袋啊？

豬血湯是臺灣創意十足的庶民小吃，豬血色澤紅潤，柔軟，細緻，再巧妙調味，成為風味美食，迥異於吸血鬼的飲料。

別小覷這碗豬血湯，要煮成美食不那麼容易。全臺灣到處有人賣豬血湯，能說服吾人腸胃的卻不多見。好吃的豬血湯第一要素是豬血必須很新鮮，其次是熬煮湯頭和配料、調味。

昌吉街有兩家豬血湯專賣店，「豬屠口昌吉街豬血湯」和「呷巴霸豬血湯」，兩家對門而立。現實非常殘酷，前者是門庭若市，後者卻門可羅雀。

「豬屠口昌吉街豬血湯」標榜自家的豬血是「特製天然紅豆腐」，後五個字作得比店招還醒目，顯得自信滿滿，透露豬血柔嫩至極，柔嫩中帶著彈勁，湯頭以大骨熬煮，再加沙茶及自製醬料調味。那韭菜與豬血湯真是絕配，最初不曉得是誰的創意？貢獻卓著。韭菜、酸菜有提味、去腥之效，加上大骨熬製的高湯助興，立即將豬血提升至審美層次。

調味檯上有醬油膏、甜辣醬、蒜泥、韭菜醬、芥末、烏醋供食客自行選擇組合為蘸醬，桌上另有酸菜及辣椒醬。吃豬血蘸醬好像只此一家，而且蘸醬還頗為講究，其實不蘸任何蘸醬亦十分可口。有人還未喝湯就先加入大量的酸菜，我建議先不要，那湯喝了三分之一左右再加點酸菜進去，令濃郁的湯添入甘味，一碗湯喝到兩種滋味。那碗湯，一口，就回到五十年前的臺灣。

此店斜對面的大同區行政中心，從前是「豬屠口」，即豬的屠宰場，圍繞著豬屠口，聚集了以豬肉為主的小吃攤。當時的豬血沒人要，創業主蘇老先生每天凌晨兩點帶著桶子去屠宰場，接收新鮮的豬血；豬血必須在一小時內加水凝固，才會有好口感。處理手法自然靠經驗的累積，血兌水的比率決定豬血凝固後的口感。

鹿港第一市場有一攤「老全豬血麵線」，豬血、豬小腸、麵線共治一鍋，風味特殊。此攤乃許傳盛先生創始於一九四四年，起初是挑著扁擔走賣，大約三十年前才固定在第一市場的大明路口。攤家每天清晨即赴屠宰場購買新鮮豬血，製作時加鹽處理（用三分之一鹽水，加三分之二豬血），以避免豬血硬化、澀口。我看老闆加了小腸一起用大鍋熬煮，豬血麵線加了芹菜、鹹菜，和豬油爆過的蔥酥調味，湯裡有濃濃的豬油香。起初，豬血麵線一碗二角，現在則是一碗二十五元。

臺南玉井鄉六十年老店「老牛伯仔豬血湯店」創業老闆老牛伯仔（洪春生），原先在屠宰場殺豬，豬血無人聞問，他每天提一點回家，煮湯；由於手藝深受家人喜愛，遂在舊市場擺攤，生意漸佳，乃兼賣炒米粉、粉腸，遠近馳名。現在這家店由老牛伯仔的女兒和大媳婦傳承，她們開發出獨特的「豬肺粿」，因製作費時費工，每天僅供應兩個，奇貨可居，成為該店另一招牌。

新鮮才好吃，臺東「卑南豬血湯」老闆也是每天清早到屠宰場收購新鮮的豬血，他為了讓豬血更平易近人，並體貼外國觀光客，乃替豬血取了一個名字「布雷克豆腐」（Black Tofu），親切又幽默。此店的豬血切得很大塊，鮮嫩有咬勁，再加一點大腸在裡頭，就更添一種脂香，這種脂香，就是豬血湯重要的美學手段吧。

我難忘那次野外吃豬血湯的經驗。那是一九七七年，幾乎所有駐紮在金門的野戰部隊都投入這座戰地地底醫院的挖掘、興建工程。花崗岩硬如鋼鐵，我每次揮動鐵鍬拼盡全力鑿掘，亦難撼動它半寸。最後還得靠工兵連來爆破。

炸藥埋妥後，我們步兵連徹退至「安全距離」，我跟小販買了一碗豬血湯、一個茶葉蛋吃，邊計算著炸藥爆破的聲響，九，十，十一，十二，當我數到第十三響，抬頭驚見滿天炸裂的花崗石塊，殺氣騰騰的石雨全面追擊下來，我丟掉手中的食物，連跑帶爬，剛鑽進一座碉堡的機槍口，即見大大小小的花崗石紛紛砸落，就在幾秒前我站立著吃豬血湯的位置。僥倖逃脫大難，嚇得兩腿發軟，我知道，坑道附近又添了幾具零散的屍骨。

豬屠口昌吉街豬血湯

地址：臺北市昌吉街46, 48號
電話：(02)2596-1640
營業時間：10:00-21:00

老全豬血麵線

地址：彰化縣鹿港鎮第一市場大明路口旁
電話：(04)777-9589
營業時間：08:00-18:00

老牛伯仔豬血湯店

地址：臺南縣玉井鄉中正路100巷10號
電話：(06)574-3521
營業時間：05:30-13:00

卑南豬血湯

地址：臺東市卑南里更生北路76號
電話：(089)229-043
營業時間：10:00-19:00

白湯豬腳

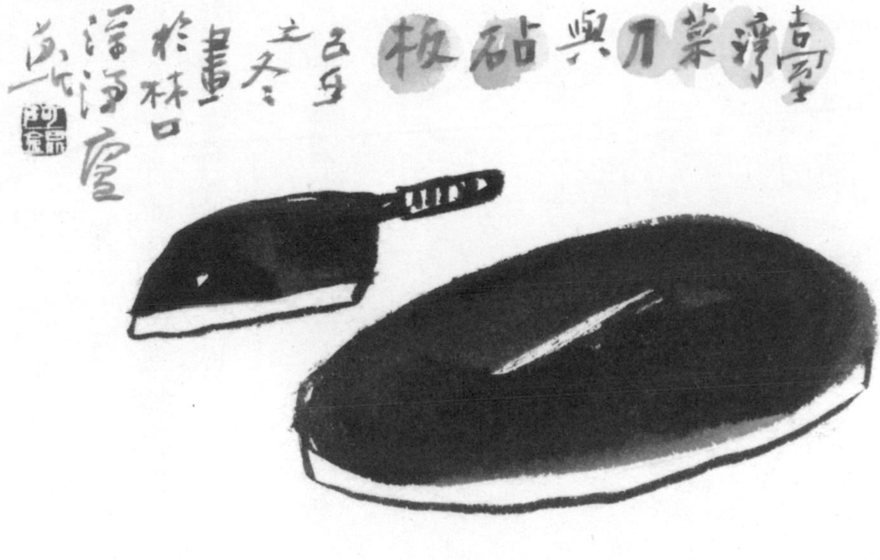

大學剛畢業時，有一天忽然很想吃豬腳，遂在市場買了一隻後腳回賃居處，加大蒜、青蔥、薑片，用清水燉煮了近兩小時，竟也香味四溢，湯汁濃郁。這是我烹飪的幼稚時期，差堪安慰怒吼的饑腸，自然還不能理解這種白湯豬腳看似簡單、實則高深的美學手段。

臺灣人治豬腳，以醬油滷製為主。白湯豬腳即清燉豬腳，在臺灣食肆中並不多見，北部尤多於南部。

《清稗類鈔》載豬腳煮法：「鮮豬蹄煮法有二，曰白蹄，曰紅蹄。煮紅蹄時，用醬油、冰糖，而白蹄無之」。白湯豬腳的湯頭多用豬腳加大骨熬製，不但能強化膠質，更增添香醇風味，因此白湯豬腳的湯是用來牛飲的；醬油滷製的豬腳則例不喝湯，最多用來澆飯。

專賣白湯豬腳的店家多標榜「豬腳原汁」，究其原委，有兩層含意：一、白水滾煮，非以當歸等中藥材或醬油燉滷；二、強調湯頭的濃稠，原汁原味，不添加調味料。

少了醬油的掩護，那豬腳的皮膚是否美麗？形狀是否端莊？滋味是否魅人？完全坦露在人眼前，無所遁形。沒有香料，沒有著色，所有的條件都必須自給自足。

清燉豬腳就像寫詩，自然而不造作，從一開始就保持清澈，需要耐心和細心，像其它藝術家付出的努力一樣。

猴急的人常用大火煮豬腳，鍋內的湯汁洶湧沸騰，令豬腳快速浮沈滾動，這是錯誤的。蓋大火煮任何肉品，都會讓蛋白質分解成浮沫，肉質的鮮美蕩然矣。一個聰明細心的廚師在熬湯時，不會讓湯滾沸。

一隻豬腳通常分三段供食客選擇：腿肉、中圈、腳蹄，腿肉乃純粹的豬腳肉，煮得香嫩，表皮仍富彈勁；腳蹄最有嚼勁，尤其那滑溜的蹄筋最為誘人。我偏愛中圈，有皮有筋有肉有骨頭，兼具各段優點。

豬腳長時間燉煮，皮肉俱軟爛而不油膩，骨髓真味亦吸之即出。店家都附辣椒醬油供食客蘸用，湯喝完了往往可以再續。

大稻埕慈聖宮前有許多攤風味小吃，「許仔的店」就是其中之一，此攤專賣白湯豬腳麵線，我歡喜分開點食：一碗乾麵線，一碗豬腳湯。其實「廟口豬腳」早已聞名數十年，坐下來吃的幾乎清一色都點乾麵線，和一碗豬腳湯，那白滷的豬腳滷得透徹，香味濃得化不開，又充滿彈性，太好吃了，一口接一口來不及間斷，我必須每一口都強烈提醒自己：吃慢一點再慢一點，別咬斷了假牙。

「許仔的店」嚴選溫體豬的豬腳，老闆強調那些豬腳都健康無受傷，每天新鮮現煮，用一個大鐵鍋熬煮大量的豬腳，非常甜美，飽滿的肉質香散發著米酒香，拼了痛風發作也要喝光它。這高湯充滿了膠質，有幾次我貪嘴多吃了兩碗，竟覺得兩片嘴唇好像黏在一起，張開時頗見阻力。

賣豬腳湯幾乎都兼營麵線，手工乾麵線煮妥，用高湯燙過，再淋上一大瓢蒜泥和豬油，這是庶民飲食中簡單而富足的美感。賣豬腳配麵線，卻鮮見供應白米飯，大家竟也習以為常，想來是臺灣人吃豬腳麵線壓驚改運的風俗。

白湯豬腳最出名的大概是基隆愛四路「紀家豬腳原汁專家」，此攤創立於一九六四年，生意好到另闢攤後公寓的二樓作吃食場所。「紀家」的豬腳當場秤重，定價，每兩十五元，價格有著觀光地區的身段。生意興旺帶動良性循環——豬腳新鮮，大鍋煮大量的豬腳高湯，自然是十分濃稠的上品，也充滿膠質和肉質香，甘醇極了，完全不必添加任何人工甘味。

基隆義二路林記「豬腳原汁」也是以兩秤重計價，去油、去腥作得相當徹底，肉嫩又彈牙。

彰化市中正路亦有「紀家豬腳」，也是白湯燉滷，不過其湯頭加了鴨肉和中藥材滷製，尤其明顯的是當歸味。

白湯豬腳若有添加物，當歸似是首選。諸如豐原廟東小吃街「永芳亭」四神豬腳湯，就加入當歸、川芎、熟地、桂枝等多種中藥材，上桌前再淋一點當歸藥酒。饒河街夜市「連豬腳麵線」亦加入當歸等數種中藥材燉滷。

好的豬腳必須整治乾淨，絕不可帶著絲毫腥味，這是先決條件。

大凡食物要先愛它，才會美味。治豬腳首重衛生，那豬，一生不曾洗過腳，我們要吃它親吻它，必須仔細替它拔除腳毛，刷洗乾淨。我在家裡煮豬腳，必定用夾子一根根拔除腳毛，再以鋼刷為牠洗腳，然後氽燙，起鍋；再刷洗，氽燙，如此三遍，才心安理得。

許仔的店

地址：臺北市保安街49巷17號
（慈聖宮前）
電話：(M)0952-005739
營業時間：10:30-19:30

紀家豬腳原汁專家

地址：基隆市愛四路29號前
電話：(02)2425-0853
營業時間：16:00-02:00

林記豬腳原汁

地址：基隆市義二路2巷4號
電話：(02)2427-0229
營業時間：10:00-20:00，週一休息

紅燒鰻

大學畢業我賃居南機場社區時，常吃夜市的一攤紅燒鰻，一晃二十幾年，紅燒鰻的香氣仍縈繞在記憶深處，連接了夜市的人潮、鬧哄哄的吆喝、各種熱絡的小吃攤、湯杓碗盤的碰撞聲，和總也不老的「甜不辣西施」。紅燒鰻對面的攤位是甜不辣攤，我越來越覺得，當時歡喜吃那攤紅燒鰻十分可疑——不完全是為了美味，更因為可以肆無忌憚地近距離欣賞美麗的老闆娘。

臺灣小吃中，紅燒鰻不算普遍，北部又多於南部。這是隨臺灣遠洋漁業發展起來的料理，幾十年來逐漸演變成典型的臺菜料理，是外膾宴席中的要角，更見諸小吃攤。

紅燒鰻用的是灰海鰻，屬肉質細軟的白肉魚，此鰻粗刺厚皮，體長可達兩公尺，臺灣人多切成大塊醃漬紅麴後油炸，此外也用來作魚丸、罐頭。灰海鰻又叫鱧，日本人稱為はも，他們真是會吃鰻的民族，連灰海鰻也擅長料理：醬烤、醋拌、生魚片、天婦羅、火鍋、炊飯、煮麵等等。

這種鰻像光明磊落的漢子，其魚刺又長又粗，坦蕩蕩地呈現在眼前；不像有些魚全身都是細而小的刺，冷不防傷害你的食道，像躲在暗處的偷襲者。

人工養殖的淡水鰻魚，脂肪含量高，多用來製作蒲燒鰻或以中藥材燉鰻；灰海鰻的個頭大多了，而且越大越結實、有嚼勁，常被臺灣人用來製羹。紅燒鰻「紅燒」二字並非習見的醬油、豆瓣、酒烹製；而是指灰海鰻切塊後用紅麴醃漬，漬後沾番薯粉油炸，再加大白菜一起熬煮。

昌吉街「昌吉紅燒炖鰻」無論風姿、氣質都是全臺首選。這店的紅燒鰻表皮呈土黃色，切塊碩大，有厚實感，連附在湯裡的高麗菜也很大片。湯頭濃郁中透露著清香，和淡淡的枸杞、當歸、川芎味，一種溫補的隱喻。

這種海鰻湯汁濃郁又帶著清香，美妙極了。這湯，是一種老臺灣的農村味，帶著溫暖、關懷的意思，吃一碗，整個人都精神起來。

「昌吉紅燒炖鰻」四十年前一碗賣三元，現在一碗賣六十五元。他們只賣炖鰻、炸鰻魚卵、炒米粉三種東西，產品何必多種？美味則名。其米粉用鰻汁調味拌炒而成，有滋有味；迥異於坊間的炒米粉，臨時澆淋一大匙肉臊汁，油膩得令人心生畏懼。油炸鰻魚卵澆蒜泥醬油，嚼勁足，越嚼越香。「昌吉」營業超過半世紀，來老店的總是老主顧，其實只要路途不太遙遠，吃了一次很容易就變成老主顧。

若不計較羹湯，則野柳「三葉美食海鮮」有我經驗過最美的紅燒鰻。跟所有海產一樣，灰海鰻的鮮度乃美味的先決條件，「三葉」有自己的漁船，自己捕魚自己賣，新鮮不在話下。其紅燒鰻並不作羹湯，而是油炸後直接上桌，擠一點檸檬汁或蘸胡椒粉吃，肉質細緻，鮮甜，香酥，動人心弦，有一種篤定的味道。

紅燒鰻美味的關鍵有二：醃製和湯頭。用紅麴醃漬大家都知道，差別就在調味和裹粉油炸，唯高明者能挽留鮮度，去除魚腥；猷廚常搞得魚鮮全失，只剩下濃烈的紅麴味，或把鰻魚弄得像柴魚。

臺灣名食紅燒鰻，準確地說應該叫紅燒鰻羹，本質如此，就不好忽略羹湯的呈現。有些人作羹湯歡喜加入中藥材，這並非重點。我服膺的紅燒鰻羹都不會太濃稠，準確節制甜度，不太顯露勾芡痕跡，湯底需往清澈的目的去追求。哎哎哎，為何那麼習慣勾芡呢？裹地瓜米粉油炸的鰻塊入鍋去煮，自然就令那鍋湯顯得稠，何必多此一舉。

基隆夜市「圳記紅燒鰻羹」湯頭顯得清澈，此攤創業近半世紀，攤上的竹簍內層疊著炸過的鰻魚塊，蔚為壯觀。紅燒鰻表皮為紅色，麵衣薄得漂亮，為體貼食客安全，切塊時順著海鰻的紋理下刀，切成長條狀的小塊，盡量完整呈現魚刺。油炸後和白菜、香菇一起煮，上桌時另加香菜，湯頭甘醇，似有柴魚提味，另外滴入烏醋和香油，魚鮮融合菜甜；不過此攤的紅燒鰻相對小碗，每碗亦六十五元。「圳記」另有一招牌鰻魚頭，放了大量的當歸去燉，據說此味甚為補身，最宜秋冬時享用。

此外，基隆廟口二十五攤「老店紅燒鰻羹」的鰻魚相對切得較小，醃漬完全入味，其味偏甜，每碗五十元。此攤令旁邊標榜「正老攤」的三十五之三攤的紅燒鰻則相對顯得庸俗。

通化夜市「泓鼎紅燒鰻」人氣甚旺，這攤兼賣生炒花枝，其紅燒鰻羹強調選用二斤以上的肥鰻，除了和白菜同煮，另附羅勒葉提味，還加入當歸、枸杞、紅棗等中藥材，美味兼養生。

聽說灰海鰻的皮含有一種抗老化的軟骨素（chondroitin），果然如此，則此物實宜常吃。我步入中年之後特別感受時光是最殘酷的暴力份子，任何人都臣服在它的腳下，一切美好的事物都被它快速消滅。

三葉美食海鮮

地址：臺北縣萬里鄉野柳材港東路74之16號（野柳國小正對面）
電話：(02)2492-3132
營業時間：10:00-21:00

圳記紅燒鰻羹

地址：基隆夜市愛四路30號前
營業時間：17:00-24:00

昌吉紅燒炖鰻

地址：臺北市昌吉街51號
電話：(02)2592-7085
營業時間：10:30-01:30

鼎邊趖

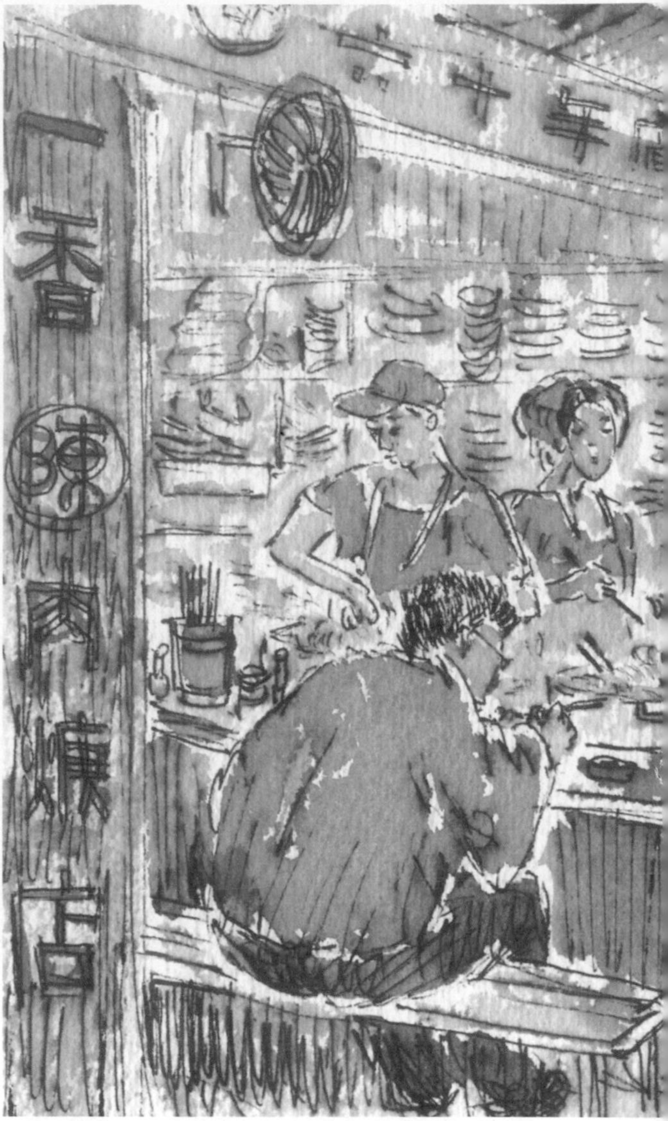

鼎邊趖源自福州風味小吃「鼎邊糊」、「鍋邊糊」，其來源主要有二說，一說是南臺下渡一帶，三月間迎「大王」（土神），家家戶戶煮鍋邊糊。另一說則附會了一個愛國主義色彩的故事：一五六三年，明將戚繼光打擊倭寇時，百姓為慰勞軍士，浸米磨漿，準備精製各種粿食；忽然一匹快馬帶來緊急軍情，謂倭寇正策畫偷襲戚家軍營，戚繼光乃決定提前拂曉出擊。然而未乾的米漿做不了粿，百姓匆忙間將做餡用的肉丁、香菇、蝦乾、小白菜、蔥放入鍋裡煮成湯，待滾沸再倒米漿入鍋攪拌，讓將士吃米糊以暖暖身子，沒想到竟大受歡迎。一位老人將鍋邊鏟下的米漿卷片，盛一碗給戚將軍，「老人家，這是什麼啊」？「鍋邊糊」。

後人有詩讚曰：「抗倭參將出奇兵，父老紛紛夾道迎；浸米磨漿忙徹夜，鍋邊糊裡見深情」。

正宗鼎邊糊的作法是先將大米磨成米漿，以紗布裝蝦皮末煮成蝦湯；大鍋內的清水煮至七成熟時，分四次沿鼎邊澆米漿入鍋內，再放進蟶乾、香菇絲、丁香魚乾、蔥、蒜和蝦末湯調味。

福州的鼎邊糊店又叫「粿店」，兼賣蠣餅、芋粿、紅白糖粿，最出名的老鋪是「惟我什錦鍋邊糊店」，配料另有雞鴨肝、目魚乾。

臺灣鼎邊趖則多兼賣滷肉飯，近年竟也賣起真空包裝了。我幾次在信用卡會訊上看到「基隆名產——鼎邊趖」的廣告，「鼎邊趖」是什麼意思？廣告傳單上說「『趖』原意是指液態物爬滾的動作，將在來米磨成的米漿沿著鼎邊趖一圈，鼎中放一些水，鼎邊用火燒熱，一面烤，一面蒸，用這種方法做成的美食叫鼎邊趖」。

這段「趖」的敘述有問題，廣告謂「趖」是「液態物爬滾的動作」，語意出自何處？案趖，音梭，走的意思，後來又引申為日落。《說文．走部》：「趖，走意」，段玉裁注：「今京師人謂日跌為晌午趖」；後蜀歐陽炯的詞〈南鄉子〉：「鋪葵席，荳蔻花間趖晚日」。若以閩南語發音，鼎邊趖的「趖」則另有「挲」的意思，意謂濃稠的米漿沿著大鼎內側抹挲一圈，米漿挲過一圈，鼎內上緣即形成白白一片，經鼎中水氣升騰，再刮落入湯裡，乃有了烤、蒸、煮的工序。

鼎邊趖是比較不普遍的臺灣小吃，可能是製作上稍繁瑣；這種米食湯品的繁瑣，具現於工序和食材。

製作鼎邊趖最好用大鍋大灶趖煮，米漿才能表現爬滾的動作，也才會有彈牙的口感；若自己在家製作，限於鍋具，只好改成煎粉皮，或以粿條取代。除了作為主角的趖，最重要的是那一鍋高湯，須用大骨或蜆熬製，絕不可偷懶依賴味精。那大鍋裡起碼超過十種配料：香菇、金針、筍絲、蒜頭酥、芹菜末、高麗菜、肉羹、蝦仁羹、蝦米……尤其少不了筍絲和提香的芹菜末、韭菜末。

無論配料如何，趖才是真正的老大，是主角，趖的彈牙口感遠非粿條所能取代。

大稻埕媽祖宮口有一攤「阿蘭炒飯」，素以魩仔魚炒飯聞名，來客落座，幾乎都會吃一盤魩仔魚炒飯。我特別鍾情於現煮的鐤邊趖，客人點食後才舀起高湯，以小鍋煮食，每碗新臺幣四十元元，卻未因便宜而稍稍減損其製作態度，那豐美的高湯裡有鮮蚵、豬肝、筍絲、魷魚絲、金針菇、韭菜末、油蔥和蝦米，配料甚夥，這麼高尚精緻的鐤邊趖，滋味凌駕於「吳」記和「邢」記，幸虧知者並不多，我才不必排隊。

基隆廟口廟埕旁那兩家可能是全臺最有名的鐤邊趖專賣店，知名度猶勝過臺南安平老街的「貴記」。這兩家真像雙胞胎：二十七之二號攤位「吳」記鐤邊趖，和二十七之三號攤位「邢」記鐤邊趖，兩家趖的品質一致，配料雷同，先天孿生般又後天互相影響，口味竟相當類似。我每次去，兩家都各吃一碗，以示公平。近來物價飛漲，「邢」記鐤邊趖每碗漲了五元，「吳」記鐤邊趖的牆上貼了一張告示：「時機歹歹／寧可薄利／別人漲價／我們不漲」，依然維持每碗新臺幣五十元，競爭之激烈可見一斑。

「吳」記的肉羹較佳，湯頭略遜，雖比「邢」記多了魷魚絲和小魚乾，可惜竹筍用得太儉省，少了一種筍特有的清香和甘甜。「邢」記的用了頗多筍絲，再多一味金針熬煮，湯頭極美；可惜肉羹、蝦仁羹都欠高明。其實奠濟宮口那麼多的蝦仁羹都有待提昇，蝦仁羹應以新鮮蝦仁製作才是，不好像染紅的魚丸。

鼎邊趖是我驚豔基隆廟口的開始，那湯，鮮甜得不顧舌頭被燙傷的危險；白白嫩嫩的粿片雖然已改成預先製作，仍彈性十足，在你剛想輕輕咬一口時，它竟已主動般溜進嘴裡，彷彿舌頭之外的另一個舌頭，調情般滑來滑去，香味充滿。

鼎邊趖需趁熱食用，否則滋味全失。有一次我在南門市場邊吃到一碗失溫的鼎邊趖，趖又缺乏彈性，口感似粿條，害我沮喪了好幾天。

阿蘭炒飯

地址：臺北市保安街49巷內（慈聖宮口）
電話：(M)0926-099090
營業時間：09:00-16:00

吳家鼎邊趖

地址：基隆市仁三路廟口27-2號攤
電話：02-24237027
營業時間：11.00-24.00

邢記鼎邊趖

地址：基隆市仁三路廟口27-3號攤
電話：02-24260043, (M)0937-865733
營業時間：14:30-01:00

天婦羅、甜不辣、關東煮與黑輪

每次想到基隆，就想到廟口的小吃；想到那些小吃，首先浮現的是「天婦羅」；一思及廟口第十六號攤的「王」記天婦羅，唾液就充沛分泌，來不及嚥口水。此攤自一九五六年開始營業，在廟口諸攤中時間並不算長，卻是我心目中的重要地標。

天婦羅、甜不辣、黑輪俱屬臺灣典型的混血食物，乃日本殖民留下來的吃食文化，發展的源頭可能就在基隆廟口。

天婦羅乃沿用日語てんぷら，是一種油炸的魚漿——大抵將鯊魚肉剁成細茸，製為魚漿丸，再壓成淺碟狀，油炸至外表呈金黃色，蘸甜辣醬、佐醃小黃瓜片吃。天婦羅美味與否，關鍵在於魚漿好不好，遺憾現在的魚漿絕大部份都來自批發工廠，且以不新鮮的雜魚製成。基隆廟口第十六號攤不隨流俗，老老實實用小鯊魚和海鰻為材料，添加太白粉、糖、味噌、味素打成魚漿，現製現炸，這種照本份製作的食物焉有俗品？

天婦羅最好用花生油或混合芝麻油來炸，此物難以在家自製，蓋油炸的鍋子必須夠大，也沒有人會為了吃一次天婦羅而耗費一大桶花生油。

てんぷら與臺灣的「甜不辣」略有差異。在名稱上，關西地區所謂的てんぷら就是指臺灣的甜不辣。而關東地區喚甜不辣作「薩摩揚げ」，九州叫「付け揚げ」。

些魚又名花身溼河鈍魚

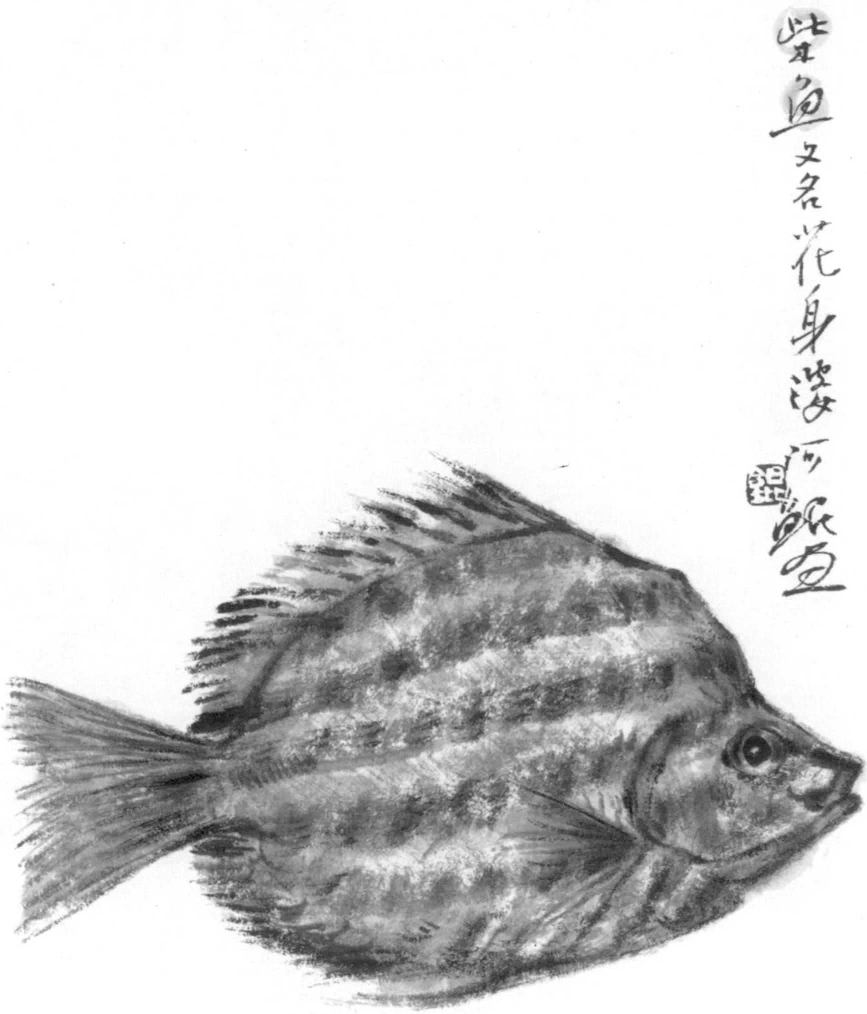

臺灣的甜不辣是魚漿油炸後再經過煮的工序，常伴隨魚丸、豬血糕、蘿蔔、高麗菜捲出現，吃時淋上醬汁，可謂目前最普遍的魚漿製品，隨處可見。

臺北西園路「亞東甜不辣」的高麗菜捲很贊，單純的高麗菜，清爽，甜脆，蘊含菜香；可惜店家太拘泥於特調的醬汁，用醬油、味噌調製出來的蘸醬風味甚佳，卻不宜每一種食物都淋上，否則百物一味，形同無味。甜不辣自然是招牌，確實不錯，蘸醬用於此就準確多了。師大路「烏頂關東煮」所有調料、醬料皆讓食客自己斟酌，是比較人性的辦法。

北部較常見天婦羅，南部則多「黑輪」，黑輪日語是おでん，因此我們叫它時必須用閩南語發音才對。關西地區叫黑輪「關東煮き（かんとだき）」。在臺灣南北頗有差異，北部人叫它甜不辣，個頭大約只有南部黑輪的四分之一。從前在高雄吃的黑輪還摻有白煮蛋——旗魚肉打漿後，加進白煮蛋和糖，拌勻，入鍋油炸。

我還是偏愛油炸天婦羅和炭烤黑輪。屏東潮州的「廟口旗魚黑輪」用現撈旗魚製作，強調不添加硼砂；由於夠新鮮而廣受歡迎，這家黑輪的蘸醬是油膏加芥茉，口味獨特。在東港華僑市場內，有一家創立逾百年的「瑞」記旗魚黑輪，也以新鮮美味、真材實料、不摻防腐劑馳名，這家黑輪的工序跟基隆廟口的天婦羅一樣，都是即製即炸，將表皮炸至金黃即食。可見誠懇老實製作的古早味，是振興飲食文化的康莊大道。

念高中時，不曉得是正在發育或運動量大？或那攤賣烤黑輪的滋味太誘人？上課時常心不在課堂，圍牆外的那攤販正在燒烤黑輪，油煙飄然進入教室，鼓動兇猛的食欲，摧毀我脆弱的意志，勉強忍耐著熬到下課，已經狂餓難堪，有人翻牆出去吃，有人通過鐵門的邊隙交易。那黑輪乃南部特產，臺灣其它地方鮮見，它的外形碩大，魚漿實在而彈牙，用炭火烤到膨脹，表皮略顯酥脆，淋上辣椒醬吃，具有一種梁山好漢的陽剛特質，痛快淋漓。

高中時代的おでん影響我的甜不辣美學，領悟此物的烹製手段務必如此才美麗，烤的又比煮的迷人；就好像魚或肉，一經久煮即完全失去滋味，反而是那一鍋湯，接收了全部的精華，甜美無比。

天婦羅、甜不辣和黑輪具現了臺灣魚漿小吃的系譜。臺灣有名的小吃多聚成市集，尤其是夜市，夜市又多以某一廟宇為中心，因為香火鼎盛，引來各地香客，吃食攤遂逐漸在周遭發展出一定的規模，乃至形成以美食為主的觀光勝地，躍為都市的商業中心。基隆「奠濟宮」前的小吃區即是這樣衍生的飲食文化，這廟口在日治時期是花街、商業地帶，吸引很多來自瑞芳、九份、金瓜石的商人和礦工，人潮使廟埕小吃攤逐漸固定下來。

夜市常出現許多西洋／本土，精緻／粗野相混合的排場，呈現眾聲喧嘩的美學。臺灣是一個淺碟型的社會，什麼東西的流行周期都很短——前一陣子才流行喝紅酒，大家喝起紅酒很像灌啤酒；忽然轉而流行吃葡式蛋撻，到處看到「安德魯」、「瑪嘉烈」蛋撻店；好像沒流行多久，整個社會又一窩蜂擠在麵包店門口，排隊買「巨蛋麵包」和甜甜圈……我們歡喜的這類魚漿食品，似乎已演變成逐漸穩定的臺灣味道，族群的歷史記憶，濃縮在一碗天婦羅裡，銘刻後殖民的飲食文化。

天婦羅

地址：基隆廟口第16號攤
營業時間：11:00-21:00

亞東甜不辣

地址：臺北市西園路1段56號
電話：(02)2388-4259
營業時間：08:10-18:00

烏頂關東煮

地址：臺北市師大路49巷3-1號
電話：(02)2368-6659
營業時間：17:00-23:30

肉圓

么女出生時，體重偏高，令那張袖珍的嬰兒床顯得擁擠，醫院的護士們給她取了個綽號「肉圓」，大概秀色可餐的模樣。不過，聽那些護士的口氣，似乎不懂得欣賞豐腴美，我至今仍耿耿於懷。

如今便利商店也賣肉圓了，然則這種生意不會大張旗鼓搞連鎖店，也不會布置出富麗堂皇的吃食環境，多只是路邊攤或小吃店。

肉圓又稱「肉丸」，鹿港叫「肉回」，乃臺灣土生土長的庶民小食，非常普遍，幾乎每一個地方都不乏好吃的肉圓，如新竹市「飛龍肉圓」、鹿港「肉圓林」、臺東市「蕭氏有夠讚肉圓」……尤其夜市，多見肉圓芳蹤，我們幾乎可以斷言，沒有肉圓的夜市，不會是完整的好夜市。

肉圓略有地域歧異，在地性格強烈，因此街頭巷尾所見的肉圓多以地名標榜、號召，諸如永和的「潮州肉圓」，臺南東山鄉的「東山肉丸」、柳營鄉的「柳營肉丸」，彰化人遷居鶯歌所立的「彰鶯肉圓」，此外隨處可見新竹肉圓、員林肉圓、臺南肉圓、屏東肉圓……據說彰化北斗鎮是肉圓的發源地，北斗肉圓外表呈三角形，體積迷你，我一次可以吃十個；新竹肉圓個頭也小，呈橢圓形；一般肉圓則多為扁圓形，直徑約六到八公分。

臺灣肉圓的風格，大抵南蒸北炸，北部以彰化為代表，餡料以豬肉為主。南部以臺南為代表，多以蝦仁為主角，像「茂雄蝦仁肉圓」和「友誠蝦仁肉圓」，新鮮的沙蝦仁、肉臊、紅蔥頭所組合調製的內餡，加上細嫩的外皮。

清蒸肉圓的優點是不油膩；不過我偏愛油炸肉圓。說是炸，其實只是泡在溫油裡，混合兩種工序——先蒸後炸。所用的炸油多以花生油混合豬油，肉圓蒸熟後備用，待顧客點食才入油鍋加熱。由於剛從油鍋中撈起，從皮到餡都非常燙，邊吃邊吹氣，在急嚐美味和燙傷嘴的邊緣，忽然領悟爽快和危險住得這麼近，喔，人生有許多時候真的像在吃肉圓，躁進不得。

肉圓美味與否繫乎三條件：外皮須厚薄適中，又要柔軟而富彈性，外表須呈半透明，有剔透感，咬下去透露米香；內餡須飽滿，且配料和諧，調味佳；淋醬的優劣亦是成敗關鍵。

肉圓的製作有點繁複，實實在在的工序是：將浸泡一夜的在來米磨成漿，倒入滾水中攪拌至熟，再添加太白粉、地瓜粉攪勻拌成糊，即為粿漿。待粿漿冷卻，注入模子

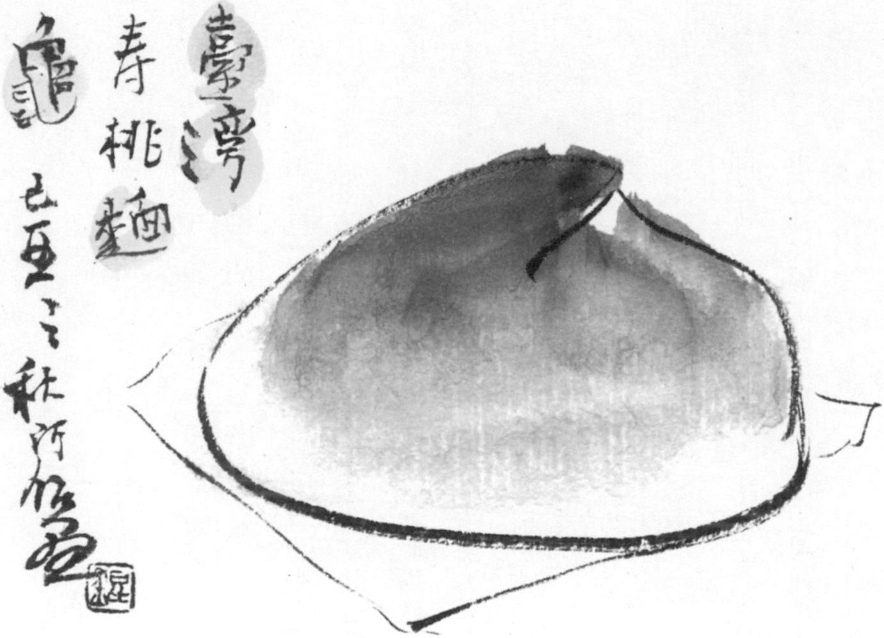
臺灣之
壽桃麵
乙丑之秋

中，加入內餡，再糊以粿漿，送進蒸籠炊熟定形。製作粿漿的在來米粉添加地瓜粉、太白粉，乃為增強外皮的韌度和黏性。這裡面猶有些講究——地瓜粉需用紅粉才不易蒸爛；此外，肉圓蒸熟得先用電扇吹冷才取下。

內餡以豬肉為主，常見的餡料還有筍丁或筍絲、香菇、蔥頭，筍乾選取刺竹方為上品。豬肉大抵採用胛心肉或後腿肉，須先爆香過，用紅糟處理也很普遍；清蒸肉圓多用肉臊，油炸則多剁成肉塊。清蒸的淋醬多用蝦醬，油炸則多用米醬，顯示濃油厚醬的表情。米醬乃用糯米磨漿，加糖熬煮而成；有些店家會另加醬油膏、甜辣醬組合。

賣肉圓雖是小生意，好店家卻不會缺乏體貼心意。屏東夜市「上讚肉丸」免費提供以柴魚、三層肉、冬菜所熬製的「感情湯」，無限暢飲，顯然在和老顧客博感情。臺北人製肉圓多放筍絲，異於別處的筍丁；店家將肉圓端給顧客前，會先用剪刀剪開外皮。

彰化縣的肉圓有北斗、彰化、員林三個山頭，各有其作法和口味，各有其擁護者，乃彰化縣最具代表性的美食。

彰化「阿三肉圓」老闆伉儷是帥哥美女，其肉圓分大、小兩種，大肉圓內餡飽滿著肉丁、干貝、炸鴨蛋、大香菇；外皮用純番薯粉製作，彈勁足。搭配肉圓的湯品有龍骨髓湯、豬肚湯、排骨湯、金針湯、苦瓜湯，湯頭用心熬煮。

板橋黃石市場附近「林圓大粒肉圓」是我最近才體驗的美味。一天，詩人紫鵑請我們品嘗板橋美食，吃到肉圓時已經下午三點多，已品嘗過多家餐館和小吃攤。我卻一眼就愛上它。這家小店僅賣肉圓、虱目魚丸湯，比一般攤販的貨色少，二十幾年來卻越賣越旺。肉圓的外皮細滑，彈牙，飽含嚼感和米香。內餡更加講究——飽滿的豬後腿肉、筍、香菇，並且加了一顆鵪鶉蛋。醬汁也靚，據說是加了蝦頭、蝦殼和蝦卵所熬製。林圓大粒肉圓跟以前彰化市的「阿章肉圓」風格近似，不過阿章肉圓考慮健康，已經捨棄豬肝和鴿蛋。

豐富內容的手段各家不同，基隆市「阿玲家肉圓」添加小黃瓜片；新竹市「飛龍肉圓」內餡另加栗子；臺南的清蒸肉圓則例加蝦仁。

九份的「金枝紅糟肉圓」有葷、素兩家，我平時並不吃素，可每次去九份都得吃一粒素肉圓才肯回家，那豆粉製成的素肉、筍絲、香菇合奏出不可思議的香味，令人迷戀。

南機場社區有一攤肉圓，下午才短暫出沒，旋即不見蹤影。當肉圓攤重現江湖，攤前立刻排出長長的人龍，我多次搭計程車去排隊，大概有一半的機率向隅，遭受失望打擊漸多，遂提不起勇氣再去。

大學畢業時，女朋友住在頂好市場後面，附近土地公廟前有一肉圓攤，十分美味，我們常常站在路邊吃肉圓，米醬之外再加蒜泥和自製辣椒醬，大汗淋漓，那氣味芬芳了周圍的空氣。這樣一粒肉圓，值得燒香拜佛。

臺中市聚集了許多好圓，諸如中正路上的「丁山肉丸」、「茂川肉丸」都有不俗的表現。最令人動容的肉圓可能是復興路「台中肉員」，這也是我吃過最贊的肉圓。

「台中肉員」一九四一年開業，目前是第二代周朝堂先生掌門，座位頗多，店內僅賣肉圓、冬粉湯、魚丸湯，卻人潮不息。牆上掛著臺中市長、議長等人贈送的紅扁額「全臺首圓」，我覺得他們當之無愧，那肉圓的皮用在來米、地瓜粉、樹薯粉調製，復經過準確地攪拌程序，展現非常驚人的美感，彈牙的外皮內是緊實鮮美的腿肉、筍和香料組合的丸狀內餡。店家自製的獨門甜辣醬很靚，我卻偏愛原味，不淋任何蘸醬，這肉圓值得仔細品嘗；吃肉圓，再喝一碗魚丸湯或冬粉湯會更加愉悅，魚丸以旗魚製作，高湯乃大骨熬煮。初次吃「台中肉員」是戴勝堂先生引領，他和周老闆熟識，兩個朋友邊吃邊抬槓，增添了這種庶民美食的人情滋味。

我的肉圓史，從每粒新臺幣三元，吃到每粒三十五元，見證了臺灣物價的飛漲。

茂雄蝦仁肉圓

地址：臺南市保安路46號
電話：06-2283458
營業時間：09:30-22:00

友誠蝦仁肉圓

地址：臺南市開山路118號
電話：06-2244580, 0933-333610
營業時間：09:00-20:00

臺中肉員

地址：臺中市復興路3段529號（近臺中路口）
電話：04-22207138
營業時間：11:00-20:30

阿三肉圓

地址：彰化縣彰化市三民路242號
電話：04-7240095
營業時間：11:00-19:00

林圓大粒肉圓

地址：臺北縣板橋市府中路104號（捷運府中站）
電話：02-22727712
營業時間：10:50-21:00

金枝紅糟（素）肉圓

地址：臺北縣瑞芳鎮基山街63號
電話：0939-093396, 02-24969265, 24666445
營業時間：10:00-19:00
週六09:00-23:00,週日09:00-20:00

鯊魚煙

鯊魚煙使用豆腐鯊（鯨鯊），由於肉質易於凝結，也常加工為魚丸、甜不辣。臺灣的海產店，豆腐鯊常用蒜苗以快火猛炒，煙炙是比較晚近的廚藝。

我推測鯊魚煙是北臺灣所發展出來的庶民美食，時間大抵在一百多年前；如今鄰近廟口、市場的小吃攤已隨處可見。這是獨特的臺灣味道，北臺灣又較中南部風行，原因是近海捕撈的鯊魚，主要卸魚地在南方澳漁港。

漁港的鯊魚進貨大抵分為兩類：其一是遠洋漁船所捕獲的冷凍鯊魚，另一類為近海漁船載回來的冰溫鯊魚。近海捕獲的鯊魚較貴，較鮮，乃製作鯊魚煙的好材料。至於品質較差的鯊魚肉則製成魚漿。

從前我們還不太會利用鯊魚，捕獲的鯊魚用途主要是魚鰭和魚皮，曬製成乾貨販售；魚肉則用來當釣餌——往往是生產過剩的餌。鯊魚肉很腥，少量的魚肉即散發濃重的腥味，會招來大量的魚群。

過重的腥味使料理顯得困難，尤其回鍋後，腥臭味更烈。煙炙工藝有效矯正了鯊魚肉的腥味，防止腐敗，並提升特殊的風味。

煙燻是將已經熟處理的物料，再用煙燻製，以加重物料色澤，令它油亮，令它增添煙的芳香味，並益於保存。因此用來燃燒生煙的東西就決定了成品的風味，常用的包括茶葉、糖、花生殼、甘蔗、木屑、黃豆、米等等。傳統的煙燻工藝是鐵鍋內鋪墊甘蔗、茶葉等物，上置竹筴，再將煮過的鯊魚肉擺在竹筴上，覆蓋後加熱，逼使茶香蔗甜燻入魚肉，產生一種特殊的煙燻糖味。

學校有課的時候，我下課總是從學校飆車回臺北，急著趕到大稻埕吃午飯，尤其媽祖宮（慈聖宮）前的小吃攤，是我經常流連的所在。媽祖宮口的「阿可（A KO）鯊魚煙」是經營超過半世紀的老攤，鯊魚煙的品質也值得贊美，可憐它鄰近「阿華鯊魚煙」，硬是被後者比了下去。

阿華鯊魚煙賣了一世紀，現在是第三代在經營，猶原只賣鯊魚煙，表現一種簡單質樸的美學。它最為人稱道的是鯊魚新鮮。新鮮，是鯊魚煙美味最要緊的關鍵，卻也是最難得關鍵。

往往已經下午一點半了，涼州街阿華鯊魚煙還是座無虛席，我歡喜點食不同部位的鯊魚煙：魚肉、魚肚、魚皮、魚心、魚凍、喉嚨和魚尾，有的彈牙，有的軟腴，有的爽脆，有的富含膠質；蘸店家用九種醬料調製的五味醬油膏吃。阿華的煙燻技術高明，每一塊都燻得恰到好處，魚肉鮮甜而多汁，魚肚和魚皮都彈牙可口，委實是我經驗過最厲害的鯊魚煙。

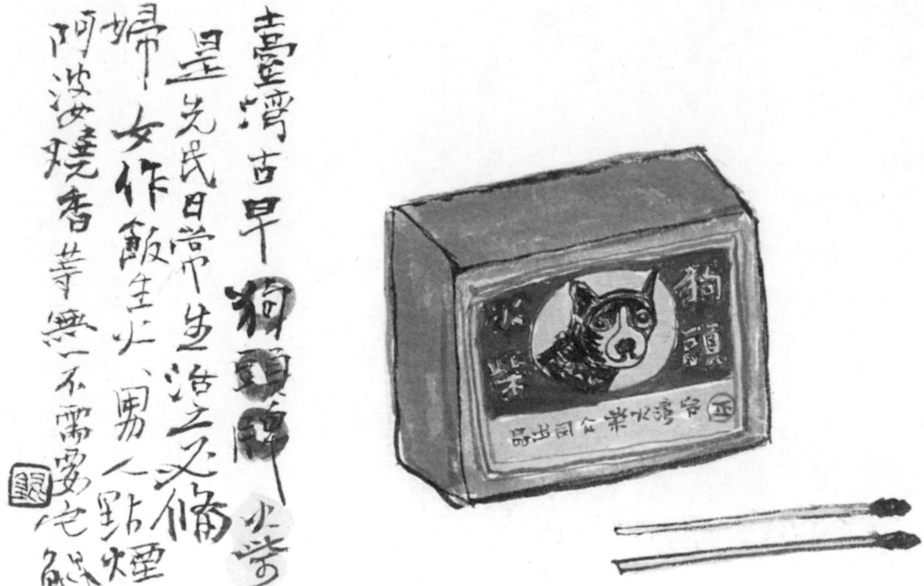
臺灣古早狗頭牌火柴
是先民日常生活之必備
婦女作飯生火、男人點煙
阿嬤燒香等無一不需要它
狗頭
火柴
台灣火柴公司出品

那鯊魚皮凍，看得見飽滿的天然膠原，夾起半透明的魚凍，猶在筷子尖端顫動。奇怪這年頭那麼多注重養顏美容的人，竟不知來享受這種保養皮膚的聖品。

我愛它緊實的鯊魚肉，燻製鯊魚肉最美味的部位是下腹，軟腴如凝脂，果凍般，柔嫩卻又彈牙。

臺灣到處有人賣鯊魚煙，卻多燻得柴滯，或帶著苦澀。這又是現代人自食大量生產的惡果。目前市面上的鯊魚煙零售業者，並非親自燻製；多批自工廠制式生產的成品，風味差矣。由於鯊魚的清洗、燻製過程繁複，大部份的小吃攤遂依賴機器生產，我們吃來吃去，每一攤的口感都相同。材料不夠新鮮，加上煙燻技術差，就得靠蘸醬來掩飾；遺憾風味不佳的鯊魚煙，從來都調不出美味的蘸醬。

一般賣鯊魚煙者多用冷凍鯊魚，「阿華鯊魚煙」老闆每天凌晨到市場嚴選新鮮鯊魚，用茶葉、紅糖、黑糖以手工燻製出人間的煙火味。此店幾乎提供鯊魚全餐，從魚身各部位到內臟，供食客選擇，我歡喜選擇幾種拼成一盤，不同的口感，形同享受鯊魚煙的變奏曲。

初嚐阿華鯊魚煙，是章景明老師帶我來的，這個大饕家退休後，我常覺得在中央大學很寂寞。多麼想帶他去嚐「柴寮仔鯊魚堅」啊。

「柴寮仔鯊魚堅」的味道太像「阿華鯊魚煙」了，兩者都在涼州街（一家在重慶北路之東，一家在重慶北路之西），幾乎一模一樣的口味，一樣的飲料（維大力加米酒），一樣的的蘸醬，一樣附大量的白蘿蔔絲和蔥花，一樣每份一百元，一樣都是第三代在經營……我好奇地問老闆跟阿華鯊魚煙有何關係？

「無關係！」這問題似乎令店家不高興，他冷冷地回答。

兩家味道雷同的鯊魚煙像同一個師傅手把手調教出來的孿生兄弟，兩者竟毫無關係，世間真有如此巧合之事？

阿華鯊魚煙

地址：臺北市涼州街34號前
電話：(02)2553-4598, (M)0918-741666
營業時間：11:00-19:00，週一休息

柴寮仔鯊魚堅

地址：臺北市涼州街1號前
電話：(02)2557-6170
營業時間：週一至週六 12:00-20:00

蚵仔煎

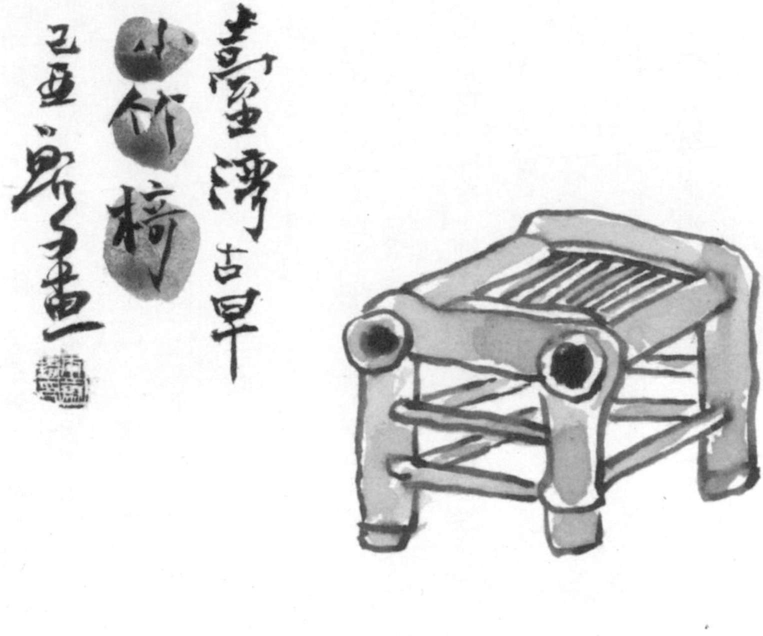

蚵仔煎源自閩南「海蠣煎」，香港則叫「煎蠔餅」、「蠔仔餅」。傳說是王審知的廚師所發明：五代後梁時期，王審知被封為閩王，他輕徭薄賦，倡修水利，興辦學校，並招納中原名士前來共同開發，將福建治理成繁榮穩定的「文儒之鄉」。王審知是中原人，一直吃不慣海鮮貝類，於是從老家僱請一位鄭姓廚師，負責把海鮮料理成吃得下去的東西。鄭廚經過考察研究，乃開發出這道結合了海鮮、禽蛋、地瓜粉的新菜餚。

閩南海蠣煎和臺灣蚵仔煎最大的差異，在於前者裝盤時會加一匙「菜頭酸」，所謂菜頭酸，即是蘿蔔泡菜——主要是白蘿蔔，切成薄片，再加少許胡蘿蔔絲，用糖、醋醃製，有開胃解膩之效。

臺灣人吃蚵仔煎，則習慣淋上以甜辣醬、番茄醬、味噌、糖、醬油膏和水調製的醬汁；香港人食煎蠔餅愛蘸魚露、豆瓣醬。然則我還是期待店家將醬汁另置小碟，並非每個人都愛吃得滿嘴醬汁。

蚵仔即牡蠣，是最平民化的海鮮，多養殖在鹹水港，養蚵人家大抵採固定式吊蚵，或浮力式吊養；蚵仔的成長甚快，大約吊養兩至三週即已肥碩。其中尤以東石、布袋、安平、東港一帶最肥美。

雖說傳自閩南，蚵仔煎如今已是臺灣最出名的風味小吃之一，遍布全臺各地，尤其在夜市。蚵仔煎連接了臺灣人的生活經驗，直到如今，許多老臺北人還懷念建成圓環「順發號」所製。我想像，夜市若不幸缺乏蚵仔煎，是多麼值得吾人憐憫啊。

蚵仔煎大抵是用蚵仔、青菜、蛋、地瓜粉漿所構成，成品週邊薄脆，裡面糯柔細嫩，滑嫩順口。最重要的是蚵仔必須夠新鮮；其次，調製番薯粉漿得用純番薯粉兌水。青菜視季節搭配茼蒿或小白菜，不過各地仍略有差異，如嘉義市文化路「老店」的蚵仔煎，加了九層塔；豐原廟東小吃街「正兆」蚵仔煎，底下鋪墊的菠菜，多得令人驚訝，其醬汁似添加了花生粉，我每次在廟東覓食，都不會錯過此店，和清水排骨麵、永芳亭扁食肉粽。

很多攤商兼賣蝦仁煎、花枝煎、蛋煎，等於是蚵仔煎的變奏。然則不加蚵仔的「蛋煎」已經接近蛋餅了。

鹿港「光華亭」海鮮餐廳創立於一九一八年，店門另一個更大的招牌是「三番錦魯麵」，之所以叫「三番」，乃因他們是鹿港第三家有電話的人家。光華亭的蚵仔煎只用蚵仔、蛋、菜和一點點蔥炒製，完全不添加粉漿。這是優質的古早味，現在街頭露店的蚵仔煎例以太白粉勾芡汁，圖的是省時省事，因而沿襲成集體的壞習慣。

吳清和在《為小吃走天涯》中斷言此物是臺灣小吃第一名，他的父母都是烹蚵仔煎高手，兩人的製法卻迴異，爸爸討厭加芡水，媽媽則無芡不歡，「蚵仔煎差點讓我家失和，但卻讓我度過在美國求學時的一個大難關」，原來他負笈美國時，有一門恨之入骨的功課，在因緣巧合下宴請教授吃蚵仔煎，竟高分過關。吳清和很臭屁，誇說全臺灣沒加芡水的蚵仔煎，他沒吃過比自已煎得美味的。

蚵仔煎不加芡水的烹製技術較困難，蓋蚵仔和青菜少了芡水的組合、滋潤，形狀易渙散，蛋也常會煎得太老，整份蚵仔煎的結構全賴蛋液來凝聚。

蚵仔煎一定要用平底鍋，像基隆廟口三十六號攤，老闆曹賜發日治時期即在廟埕擺麵攤，太平洋戰爭結束後才重新開張，改賣碳燒蚵仔煎。其鍋具是一塊特別定製的大鐵板，由於年代久遠，中間已凹陷；最獨特的是不用瓦斯，鐵板下燒著煤炭。攤家堅持用炭火來煎，說是煎出來的成品較美味，所謂「火有火味，鼎有鼎味」。蚵鮮量夥，快煎好時，另在一邊澆些地瓜粉漿，再把製好的蚵仔煎放置其上，多了一道工序，加了一層皮，使成品的口感多了一層酥脆感。

金門「金道地」老闆娘五官很正點，膚色黝紅，彷彿長期在烈日下勞動的美婦人，笑起來很燦爛又略顯拘謹。她煎的蚵仔煎太贊了，只有純地瓜粉才能調出這樣香噴噴的粉漿，加上鮮美而量夥的石蚵，允為我心目中首選。

我最難忘的蚵仔煎在檳城，林忠亮先生的蠔煎攤，可能是爛田仔（棺材街）最出名的風景，走近時，那蠔煎洶湧的香味，撲鼻而來。許多檳城人一天沒吃到，就覺得不太踏實。林忠亮自一九五八年開始經營蠔煎，而且只賣此味；其實他父親已經炒了四十幾年了。兩代人靠蠔煎生活，將近一百年堅持只賣這樣的蠔煎。

林老闆滿臉油汗站在火爐前，穿的背心已然濕透，頸項上披著一條毛巾，爐火與旺。他傾油入火上的大鐵板，鐵板上先放進蚵仔、青菜，再舀入兌過水的番薯粉，打蛋進去，香味隨著熱氣蒸騰四散，油花亢奮地跳舞；當平鍋中的蚵仔煎微黃，翻面續煎，再鏟起，裝盤，淋上甜辣醬。

我在臺灣也常吃蚵仔煎，可就不曾吃過如此酥、脆的蚵仔，如此貨真價實。他的蠔煎用了大量的蠔，加韭菜、番薯粉，再加搗碎油炸過的大蔥頭，雖名為「煎」，實則重油到接近炸的地步，可真的很好吃。

金道地

地址：金門縣金城鎮前水頭15號18支梁
電話：(082)327969, (M)0937-606751
營業時間：09:00-21:00

碳燒蚵仔煎

地址：基隆市仁三路廟口36號攤
營業時間：11:00-24:00

正兆蚵仔煎

地址：臺中縣豐原市中正路167巷3號
電話：04-25239235
營業時間：11:00-01:30

光華亭

地址：彰化縣鹿港鎮中山路433號
電話：04-7772003, 7772462
營業時間：11:00-21:00

炸排骨

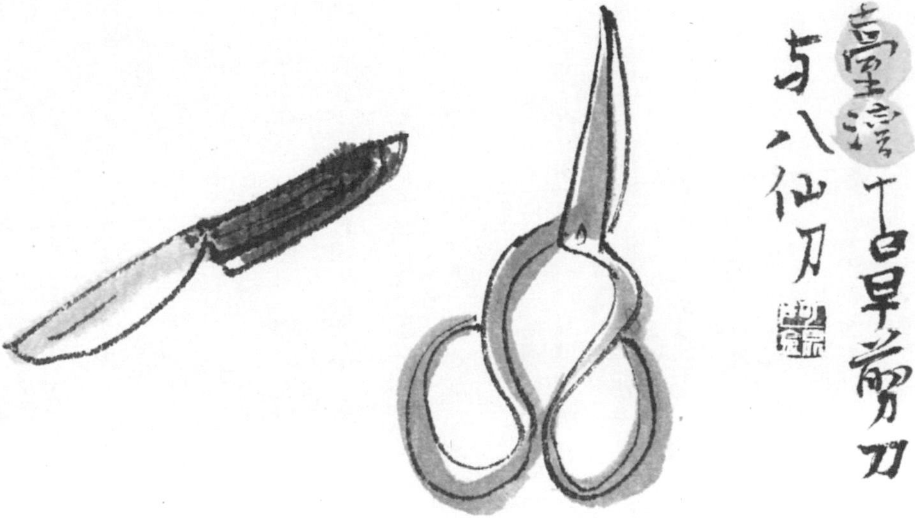

「飲食文學與文化國際學術研討會」那兩天，負責午膳的研究生問：要去那裡買便當啊？我推薦離會場不遠的「大福利排骨大王」的排骨飯。果然，與會學人個個吃得很精神，間接促進會議的成功。

「大福利排骨大王」在我家附近，門口有一大油鍋，走過時，陣陣濃郁的炸豬排味忽然撲鼻而至，那塊豬排未經拍打，所裹的麵衣薄，色澤偏暗，醃漬很功夫，調味重，鹹、甜互相修飾。排骨飯是此店的招牌之一，老闆強調店裡的米飯也講究：用70%米，摻30%秈米。這家店在臺大對面，營業已四十年了，是臺大人熟悉的氣味，帶著懷念的意思。

肉質的鮮美是我們對炸排骨的基本要求。炸排骨通常用的是溫體豬里脊肉片，其中尤以小里脊為佳，小里脊肉是豬脊骨下與大排骨相連的條形瘦肉，乃豬肉最柔嫩的部位，水分多，脂肪低，纖維細。「田園臺灣料理」的招牌菜「黃金排骨」，屬臺味更濃的「排骨酥」路數，捨習用的大里脊肉片，選小塊的骨邊肉，嚼感特殊；除了炸排骨，此店的肉羹、肉臊飯、蝦餅和滷花生都頗為美味。

排骨油炸前需先醃過，醃料大抵用醬油、酒、胡椒粉、五香粉、糖和蒜。炸排骨附一碗飯和配菜，即成排骨飯，非常庶民的臺灣快餐，到處吃得到。主角雖則是那塊炸排骨，排骨飯卻表現為完整的美感：米飯多澆淋肉臊，成為滷肉飯，通常別有三道左右的蔬菜，附湯，完整而自足的快餐形式，遠非習見的速食套餐可望其項背。炸排骨最好能佐以白飯、醃菜或高麗菜絲吃，此外炸排骨與啤酒很適配，建議所有的炸豬排店兼賣啤酒。

排骨飯連接著我們的生活，尤其是開會的便當，或匆忙的一餐。我最愛吃的可能是西門町「玉林雞腿大王」，這家店營業已一甲子，它的炸排骨有一種精緻感，淋在白飯上的肉臊滷汁亦是雋品，據說其炸排骨所裹的粉，用三種粉特調而成。我吃豬排不喜淋上醬汁，彰化「黑肉麵」的排骨採先炸再滷的工序，美則美矣，卻非我心儀的對象。

炸物追求香酥感，外酥內嫩，必須有效挽留肉汁，就這一層次而言，我偏愛和風炸豬排，其表皮酥脆，呈金黃色。日本「劍豪小說」先驅本山荻舟，評論戲劇，也以研究美食聞名，他吃炸豬排吃到頗有心得：「豬肉依各人喜好切成適當的厚片，然後略微敲鬆，沾上一層薄薄的麵粉後，沾上蛋汁，再裹上一層麵包粉，放入熬油中炸到酥脆即可起鍋。油炸用油以豬油為佳」。最後一句是重點，用豬油炸東西特別香，是其它油難及的滋味。此外，橄欖油不宜作炸油，尤其長時間炸製，易產生焦臭。最近衛生局抽檢炸油不合格店家，包括了兩家知名的炸排骨店，令人洩氣。

炸豬排看似簡單，其實不容易在自家操作，蓋炸豬排需要專業的調理設備，普通家庭的小鍋小灶不適合油炸食物。無論油炸排骨或雞腿，宜用大鍋烹製，小鍋子的油太少，放入原料後會令油溫驟降，難免影響了品質。

食材在滾沸的水中叫煮，在油鍋中叫炸。不同液體的熱能（caloric capacity）不同，對浸於其內的食材遂產生不同的作用，例如食材在水中煮沸時會軟化，乃至解體，時間一久更溶化於水中而成糜狀；食材在油鍋中滾動，顏色會變深，不會被溶解，只有內部的水份被封鎖，若油炸的時間過長，則因水分蒸發而炭化。

炸，是很有滋味的動詞，這種旺火多油的烹調辦法，廣泛運用於各地菜餚，油炸的食物一般經上糊處理，以保護原料不致炸焦，並取得酥脆的口感。炸有多種分支，諸如乾炸、清炸、軟炸、酥炸、脆炸、板炸、紙包炸、蛋白炸、油浸炸、油淋炸等等，臺灣習見的炸排骨多屬乾炸、清炸、酥炸三種，油溫均在七八成熟時下鍋。乾炸和清炸都先醃漬原料，差別是前者下油鍋時會先裹粉，如「玉林雞腿大王」、「大福利排骨大王」；後者不拍粉也不上漿，像淡水老街的「義裕排骨」。酥炸則是原料先裹上一層酥炸粉，成品膨脹，呈現表皮酥鬆香脆，裡面鮮嫩多汁，日式炸豬排屬之；這種酥炸粉也可以自己在家製作——將蛋清打成泡，再加入麵粉。

油的熱能是水的三倍，可以快速烹製食物。日本詩人長田弘有一首妙詩〈語言的炸法〉（コトバの揚げかた），喻作詩為油炸東西，前面幾句是這樣的：

じぶんのコトバであること。
手羽肉、腿肉、胸肉の
骨付きコトバであること。
まず關節の內がわに
サッと包丁を入れる。
いらない脂肪を殺ぎおとす。
皮と皮のあいだを開く。
厚い紙袋に

小粉とコトバを入れて
ガサガサと振る。
そして深い鍋にほうりこむ。
油を沸騰させておいて
じゅうぶんに火をとおす。
カラッと揚げることが
コトバは肝心なんだ。

長田弘強調必須使用自己的語言，必須使用有翅膀、腿肉、胸肉，還要有骨頭的語言；從關節後面輕輕插入刀子，割除累贅的脂肪，打開皮，將麵粉和語言一起上上下下搖振，再送入深鍋中，充分加熱炸熟。對語言而言，炸得酥脆最要緊。

油炸可以是一種掩蓋手段，修飾不夠新鮮的食材。試想，一塊糟糕的肉片，先用嫩精改變其肌理口感，復以大量的鹽、糖、胡椒粉和味精遮掩膻腐味，再送入油鍋炸至熟透，以強烈的味覺元素同時滿足舌頭的感知系統；像不誠懇的嘴，使用大量的花言巧語，欺騙純潔的耳朵。一旦我們習慣這種重口味，再也難以接受清淡、健康、木訥的本質。

我們期待健康美味的炸排骨，像期待真摯的人情。吉本芭娜娜的小說《我愛廚房》則通過一客美味的豬排飯，幫助櫻井美影和雄一，發現了相互信靠的情愛，那客豬排飯，扮演了從驚喜到發現到分享人生滋味的要角。

玉林雞腿大王

地址：臺北市中華路1段114巷9號
電話：（02）2371-4920
營業時間：11:00-21:00 週一店休

田園臺灣料理

地址：臺北市東豐街2號
電話：（02）2701-4641
營業時間：11:00-14:00, 17:00-21:00 週一店休

大福利排骨大王

地址：臺北市羅斯福路3段286巷12號
電話：（02）2365-1009
營業時間：11:00-20:30

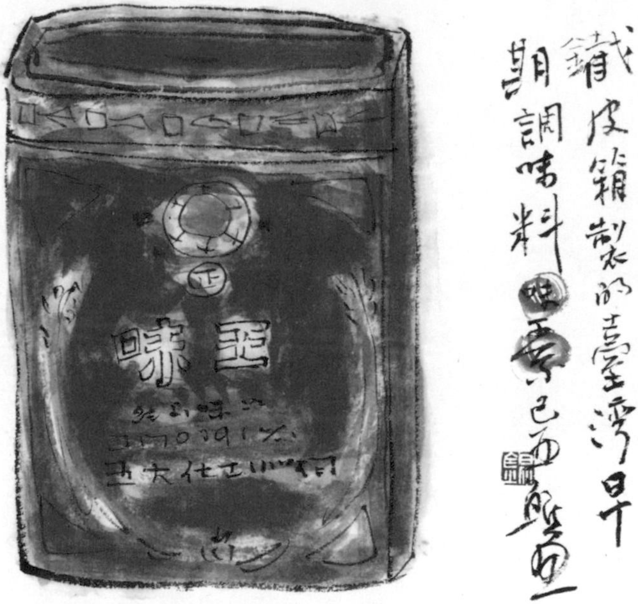
鐵皮箱製的臺灣早
期調味料

客家小炒

客家小炒是臺灣的客家女人所發明。

英國人歐德里在《客家人種志略》中斷言：客家婦女是中國最優秀的勞動婦女典型……客家民族，是牛奶上方奶酪，這光輝至少有百分之七十，是應該屬於客家婦女的。

這菜餚關係著祭祀。客家人祭拜神明準備的三牲，大抵是煠過的雞、豬肉，和乾魷魚，宴請的神明既多，準備的食材就不能寒酸。客家婦女遂將拜拜後吃剩的豬肉切絲，魷魚泡軟後也切絲，加上自家種的青蔥，添入醬油，快火爆炒成鹹香下飯的美食。

客家人的三牲和閩南人不同，閩南人用來拜土地公的三牲，除了煮熟的雞和豬肉，多以魚奉獻。臺灣民間信仰中的祭祀牲禮可粗分為生食、熟食，供奉生食表示關係較疏遠，熟食則代表關係較熟稔。準此，則客家小炒的前身，帶著親切的意思。

這是一道很親切的家常菜，臺灣的客家餐館都吃得到。客家人自然不會把自家這道專屬的菜餚叫「客家小炒」，而且南北稱謂不同，南部客家人稱「炒魷魚」，可見以魷魚為主，豬肉絲僅是點綴，可有可無；北部客家人則喚「炒肉」或「小炒」，自然以豬肉為主角。後來，客家小炒逐漸演變，添加豆腐乾、芹菜、辣椒、蒜苗、九層塔、蝦米，展現不同的風貌。

臺灣客家菜開始受重視是在八〇年代之後，特別到了選舉時，臺灣的政治人物紛紛說自己是客家人，歡喜吃客家菜，號召族群認同的企圖昭然若揭。

政客擅於操弄意識形態，歷經幾次大型選舉，臺灣社會已經被撕裂為兩極化，彼此如水火般難容，這種現象非常卡通。搞到現在恐怕只剩下飲食可以融合兩極化的族群了，不管什麼陣營何種顏色，他們都信奉美食。例如蔣經國迷戀過名廚李阿樹的「紅燒下巴」，李登輝贊賞他的「清蒸牛腩」，宋楚瑜著迷「棗泥核桃糕」，林柏榕傾心「醬爆青蟹」，連俄國文豪索忍尼辛也深愛他烹製的北京烤鴨……

客家小炒的油鹹香之美，很能表現客家味，嚴格說，其主角是五花肉和乾魷魚，配角則是豆乾、蒜苗、辣椒、芹菜。乾魷魚要選肉厚、體型較大者，泡軟後剪成小段。最難的工序就在泡魷魚，泡得太軟，嚼勁全失；泡的時間太短，又明顯歧視牙齒欠佳者。此外，切豬肉絲還有一點講究：切的時候，豬皮要向著自己，不可向外。炒製時不可太省油，雖則重油爆炒有礙健康；油水不夠卻不免乏味，我建議起鍋時，多餘的油水不要裝盤。

北部客家小炒常加芹菜，南部則不加芹菜，僅加蒜苗。受到閩南人影響，很多客家小炒竟加了糖炒製，那甜味，其實背離了客家小炒的初衷。

我頗欣賞三峽「牧童遙指客家村」的「苗栗小炒」，因掌勺的頭家娘是苗栗人，於是她的小炒加了地名。這道客家名餚主角是豬肉片，魷魚只是配角；可那魷魚發得實在了得，香味完全釋放，關鍵可能在於肉切成長薄片，有效吸收了所有調料和配角的香味，口感非常精采，迥異於一般店家的小炒切成肉絲。

苗栗銅鑼鄉「福欣園」的客家小炒例先切除豬肉的皮，和魷魚、蔥段、辣椒、蝦米齊炒，那魷魚泡得十分準確，充滿嚼勁，卻不會硬得咬斷假牙，我猜想泡魷魚的水可能加了米酒，不然怎麼如此香。比較特別的就是加了蝦米，幾種食材通力合作，將鹹、香、油表現得可圈可點。是的，油，吃完了這道客家名餚，盤底猶汪著一層厚油。

苗栗公館鄉「鶴山飯館」的客家小炒在爆炒豬肉時，亦先切掉豬皮。這是見仁見智的問題，去除豬皮求其口感和諧；留下豬皮，其嚼勁可和魷魚彼此唱和。像「釀香居」就留下豬皮，仍然好吃。

桃園平鎮市「釀香居」的客家小炒，豆乾很嫩，魷魚的嚼勁足，卻絲毫不柴硬，魷魚味跟肉絲將蒜、蔥、九層塔、辣椒的香味表現得淋漓盡致。釀香居是一家標榜懷舊的客家餐館，無論擺飾、裝潢都透露濃濃的懷舊味：掛在牆上的古老簑衣、年代湮遠的電影海報、骨董家具、復古廚櫃、裝飯的木桶……

「首烏客家小館」有好幾家分店，平鎮市的店第一招牌自然還是何首烏雞湯，超過預期的是客家小炒毫不含糊，其它像封肉、燜鯽魚、煎豆腐都令人吮指回味；此外，家鄉麵疙瘩可謂鹹湯圓的變奏，創意佳，滋味贊。

富岡火車站前「信義飲食店」的客家小炒好吃的秘方是祖傳香蔥油，其香味不是一般用醬油調味所能比擬。此店最特別的名菜是薑絲炒粉腸，炒製的時間長，將粉腸炒得又乾又香，迥異於一般的薑絲炒大腸。

臺北華陰街「廣東客家小館」的客家小炒整體味道偏甜。豆乾炸過，添入酥脆口感。魷魚顯得硬，肉絲也有點柴，使芹菜、蔥段的表現力不從心。

客家先民從唐宋起，大量輾轉南遷，先在閩粵贛交界地區聚居，之後繼續向南方及海外播衍，目前已有數千萬客家人分布在世界各地，可謂有海水處即有客家人。

「逢山必有客，無客不住山」，客家南遷後，不僅僻居山區，連到臺灣也慢半拍，「後到為客」，好地方多被閩南人捷足先登了；適宜耕種的土地既狹，逼得要更勤儉、更簡樸地過生活。地理上的大山屏障，形成文化邊界，型塑族群性格。客家精神內涵非常豐富，團結，奮進，都是客家人的核心文化。

表現在飲食生活中，輒帶著一種封閉的特質，相對完整地保存飲食習慣，乃形成特殊的飲食文化景觀，例如出現了許多既是菜餚又是主食的食品，形成了較具客家特色的野、粗、雜的傳統吃法。

有一天和「飲食文學專題」課堂上的研究生討論客家小炒的經驗，廖純瑜說她嬸嬸作的客家小炒最好吃，秘訣是用米酒代替水來泡魷魚，炒製時用滷肉汁代替醬油。是的，滷肉汁當然比醬油香，用米酒泡發的魷魚也肯定比水泡的美味。

牧童遙指客家村

地址：臺北縣三峽鎮中園街街126-21號
電話：02-26728192
營業時間：平日11:00-14:30, 17:00-21:30
假日11:00-21:00

福欣園

地址：苗栗縣銅鑼鄉福興村中山路62號
電話：037-983345, 981561
營業時間：11:00-14:30, 17:00-21:00

醲香居

地址：桃園縣平鎮市平東路25號
電話：03-4608088
營業時間：09:00-21:00

首烏客家小館

地址：桃園縣平鎮市南豐路122號
電話：03-4692979
營業時間：11:00-14:00, 17:00-21:00

素美食

和趙舜約在「瑪汀妮芝」喝咖啡，到了咖啡店才知道他又中風住院了。這次比前兩次嚴重，醫囑從今以後要茹素。趙舜領悟到一生的肉食配額已被自己給暴食光了，坦然接受往後的新生活。我看著他，好像在照鏡子，決定在《飲食》雜誌上製作一期素食專號，彼此互勉。

趙舜出院後，我約他在「青春之泉」晚餐，帶著出發的意志和祝福，希望他又是一條好漢。當年「二魚文化」成立茶會就選在這裡，希望來祝賀的朋友們吃些健康美味的點心，我愛青春之泉的地中海式蔬食料理，更鍾愛他們自製的豆花和優格。

像趙舜和我這種血脂肪、血壓、血尿酸、血糖都高的肥仔，委實應該採行素食主義。素食比肉食健康，路人皆知，95％以上的食物中毒，乃肉類食品所造成。

貪吃如我最在乎的並非動物倫理、環境保育，毋寧是健康和美味。可惜目前美味的素餐館不夠多。我提出「素美食」概念，乃是臺灣有很好的條件發展成素美食天堂。

首先是繼承了中華料理素味葷燒的絕佳技藝，此乃烹飪的想像力，有效開拓素食的味覺領域，正面定義素食，讓舌尖從呆板僵化的禁欲中解放。最近朱隽、林珊旭夫婦自加拿大返臺，我們在「京園素食館」聚餐。打開菜單，觸目皆是葷菜名：烤鰻、烤方、糖醋魚、魚翅羹、香酥排骨、果律蝦球、黃金鴨、左宗棠雞、回鍋肉、咕咾肉、九轉肥腸、五味脆腸和鮮魷……

「京園」價錢實惠，又多很好吃。我特別欣賞他們以素食模擬肉類的功力，如「九層吉珍」以洋菇模擬雞肫口感；臭豆腐風味極美，辣椒、香菇、毛豆合奏，糾正了臭豆腐要依賴葷物的偏差；香椿卷餅好吃極了；現製的棗泥小酥餅亦是理想的飯後甜點。

臺灣是移民社會，實不宜悶著頭一天到晚強調本土意識，而應展現開放社會那種廣納百川的胸襟，有些素餐館向異國料理汲取靈感，成效卓著，諸如「鈺善閣」、「乾淩坊」採懷石料理風格；「斐麗巴黎廳」、「SU法式養生蔬食」、「哈里歐法式蔬食咖啡」是法式料理風；「快雪時晴」屬義式滋味；「非常素」則是泰式料理；「水來青舍」展現庭園式魅力。

「水來青舍」在桃園縣觀音鄉，是我近來很歡喜去的餐館。青舍主人李文華、翁雪晴夫妻本來從事骨董生意，長期的藝品生涯薰陶出卓越的生活品味，他們匠心經營古色古香的素餐館：主建築是一棟建於清代嘉慶年間在黃山村落的古宅，他們買下來之後，一磚一瓦拆解，運回臺灣，再費三年時間組拼復原。除了這棟六十坪、二百五十年歷史的古屋，屋內有一尊明代的大佛，那麼準確地立在大廳，比例、尺寸都彷彿是專門雕塑來搭配此宅的；此外還有許多骨董陳列在屋內，如各種骨董桌、椅，連櫃台的算盤都古意盎然，在在顯現樸實簡單之美。

往往是這樣，才剛靠近它，就覺得心情明亮：一道美麗的鄉間小徑穿過蓮塘，穿過一座清代的門樓，忽然出現竹林掩映的白牆古宅。其實我對骨董殊乏興趣，坐在這種歷史古蹟中品味美好的蔬食，光陰忽然顯得寧靜。如果有外國朋友來訪，帶到「食養山房」或「水來青舍」這樣的好所在肯定會很有面子，也令對方印象深刻。

不僅用餐氛圍佳，水來青舍的料理完全超出我的期待：生菜沙拉、手捲、焗番茄、三杯杏鮑菇、海苔包飯、火鍋、芋泥、炸榴槤，無一不美，連自製泡菜（用鹽、糯米糊、蘋果、海帶高湯醃漬）也頗為可口。

臺灣社會正快速邁向老人化，茹素更符合老年人的健康需求，我們往前看二十年，不難看到一種老人經濟的前景。此外，臺灣素食餐館密度乃全球之最，素食人口超過兩百萬，足以支撐一定的素食經濟體系。如果能用心計較美味和餐館經營，必定吸引更多的肉食人口，產業發展的穩定成長可期。

稍具水平的素食餐館多講究開胃茶，如「鈺善閣」的養生茶，以刨絲再燒烤過的地瓜，加人參、甘草熬煮而成；「水來青舍」的好茶；「觀世音素菜餐廳」加了羅漢果的麥茶……都遠勝過一般餐館隨便提供的茶水。

然則吃素並非都在吃齋念佛，我不能苟同很多素食自助餐館隨便播放佛經佛樂，嚴重干擾顧客用餐；用餐空間也不宜掛太多佛像，因為來消費的人不乏異教徒。拜託讓我們清靜、安心地吃飯。

素食較接近自然，愛默生講的：「跟隨自然的腳步，秘密就在於耐心（Adopt the pace of nature, her secret is patient.）」。我真想要有一畦菜園，自己種植些香草蔬菜，常親近陽光、空氣和大地，將農作物帶回家裡的廚房，略加烹調或乾脆生吃。

我曾有一段短時間茹素，覺得似乎脾氣變得平和，生活的步調彷彿也緩慢了，也許是「心安茅屋穩，性定菜根香」，這也像是大部分素食者的態度吧。

鈺善閣

地址：臺北市北平東路14號1樓
電話：02-23945155
營業時間：11:30-14:00, 17:30-21:00

京園素食餐廳

地址：臺北市松江路330巷22號
電話：02-25420713, 25434309
營業時間：11:00-14:00, 17:00-21:00

水來青舍

地址：桃園縣觀音鄉大同村12鄰下大崛55-5號
（新華路2段442號正對面）
電話：03-4989240
營業時間：10:00-21:00 (19:30後停止供餐)，
週一休息

海産店

紅蟳
帝仔
毛亞美
嘴鮑魚虎

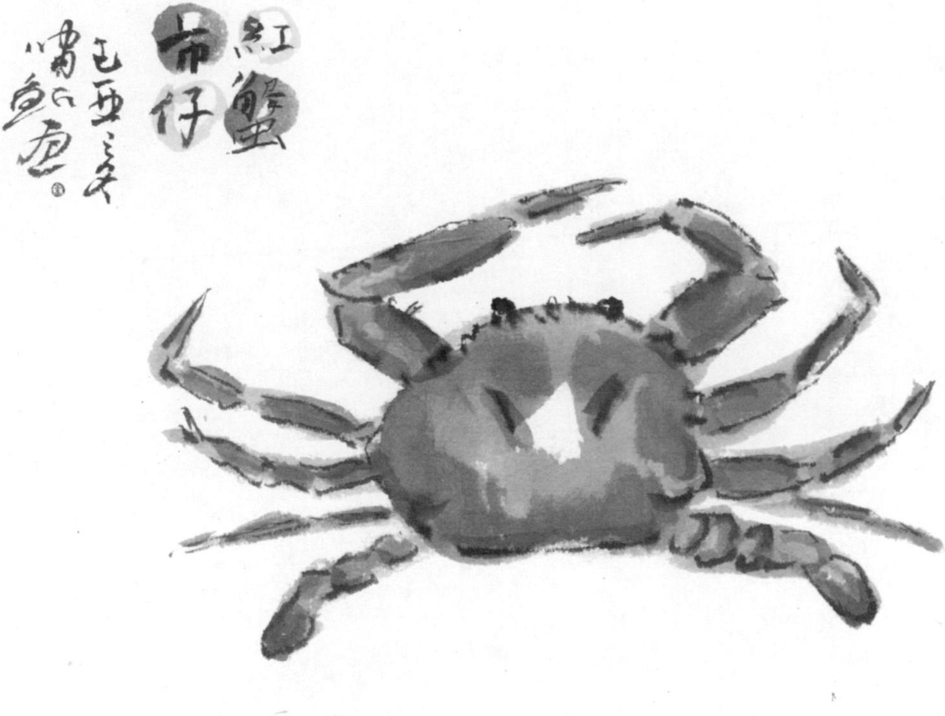

我歡喜去離島，大概是期待離島的海鮮。可能實在太愛吃了，綠島的餐館雖然談不上手藝，那裡的鬼頭刀、翻車魚、飛魚、炸海菜都令人懷念。

多年後回到金門，幾乎不敢置信「阿芬海產店」海產粥的美味，詩人莊美榮特別去市場買了新鮮的石狗公、絲丁帶來餐廳，前者煮湯，後者燒豆豉、油炸。金門菜市場常見絲丁魚，學名「龍頭魚」，白色透明，肉質柔嫩多水，骨頭極軟。我在金門住過十八個月，期間除了石蚵、黃魚，並未察覺有什麼了不起的食物，也許軍人吃喝多在軍營，假日才可能到市街上覓食。每逢假日，金門街上充滿了兵，所有飲食店都門庭若市，根本不需要講究風味、手藝，店中只要有一位妙齡女子，再難吃的東西也得排隊購買。

臺灣四面環海，海產乃臺灣料理最重要的材料，海產店因而到處都有。這些海產店多無菜單，點餐例在門口陳列的冰櫃或水族箱中物色，各種蝦、蟹，各類鮮魚，和海瓜子、山瓜子、螺、竹蟶、九孔……等甲殼海產，作法以生食、清蒸、汆燙、油炸、爆炒為主。

像「深海食堂」只賣魚，也無蝦、蟹、貝類的店並不多見，烹魚來賣能賣到遠近馳名著實不易。這店可能是臺中市最專業的魚餐館。老闆陳泰隆先生是臺東太麻里人，出自捕魚世家，對魚充滿了熱情，自幼累積的經驗，能準確鑑別魚的優劣。餐館牆上有一幅照片放大的背板，照片裡是小時候的陳泰隆和同伴扛著一尾大魚，笑容可掬的是他美麗的媽媽。

「深海食堂」強調鮮度，依季節漁獲變化菜色，標榜養生、健康，選用的食材多來自未遭受污染的深海，諸如旗魚、鬼頭刀、黃鰭尾等等；其中又以旗魚為主。貨源是臺東成功漁港和澎湖，陳老闆的哥哥在成功漁港批發魚貨，總是會挑選最好的魚給弟弟。尤其生魚片，更嚴選當季當天的漁獲。陳老闆親自料理，強調原味呈現，烹製的方式簡單而清淡，我吃過涼拌野生寒天，鮮脆，甘甜；又以魚湯來講，只用蔬菜、魚骨去熬煮，連柴魚、昆布都不放，更不可能添加人工調味品。

我難忘「白肉旗魚生魚片」，白肉旗魚又被稱為「松阪旗魚」，季節性分明，產季在九月至十二月之間，魚捕到後立即低溫冷凍，不打一氧化碳，真空儲存。白肉旗魚切成厚片，一層層的油脂網絡分布細密，委實是我見過最美的旗魚肉，蘸現磨山葵、醬油，鮮甜度夠，彈勁足。深海食堂的生魚片，足令絕大部分的日本料理店慚愧。「煎深海魚蛋」是芭蕉旗魚（雨傘魚）蛋，蘸黑胡椒咀嚼，酥香動人。其它像外觀似牛排的「黑胡椒劍旗魚」和「魚鬆飯」也非常迷人；至於「醬燒魚頭」屬預定菜。「鬼頭刀片鍋」裡面除了鬼頭刀，還有青衣，湯頭清澈，魚片一涮即起，純粹的魚鮮令眼前一亮。

現打的魚漿也是僅加入蔥花提味，用小勺舀進湯鍋裡，變成小魚丸，鮮美至極，光是這魚丸，足以叫所有的火鍋店汗顏。

臺灣的夜市幾乎都有海產店，卻良莠不齊。在臺北，我較偏愛遼寧街夜市的「小張龜山島現撈海產」，店家宣稱其海產皆每日下午由產地直接送來，比較招牌的是深海魚、蟹、蝦母、甜蝦、小龍蝦等等，生甜蝦雖非活蝦，仍頗為甘美，連來自宜蘭的空心菜亦十分可口。此店只有一人掌廚，手腳非常俐落，又蒸又炒又燒烤，游刃有餘地應付兩層樓的食客。

大啖海產不宜缺少白米飯，那碗飯宛如等待線條和顏彩的畫布，用來表現主題。保安街「榕樹下阿錦海鮮店」的桂花魚翅、滷豆仔魚可謂鎮店美食，豆仔魚一份兩尾，是用蔭冬瓜、破布子滷煮到完全入味，魚腹都懷著卵，魚肉十分細嫩，入口就化。用麻竹筍絲、蛋、散翅、香菇、扁魚、蝦米一起炒到乾的桂花魚翅亦是招牌。其它恐不值一提，如白斬雞就又貴又不好吃。最令人洩氣的是白飯，太乾又軟硬不一，我懷疑摻了隔夜的剩飯。

有時我會獨自駕車去基隆吃海產。「安一」海鮮店又名「五郎」，五郎是因為老闆張木榮在家排行第五，此店從挑攤起家，現在還是每天清晨兩點多即到崁仔頂魚市選

臺灣小菜市場
所見厚殼蝦
己丑年

購優質海產。店內有一些口碑不錯的菜需預定：燉河豚、甲魚、鰻魚火鍋。尋常菜餚頗有相當水準：「紅糟鰻」色澤較尋常所見的偏暗，胡椒、紅糟、蒜所調出來的味道有一種平衡感，肉質結實而飽富彈勁，酥香，鮮甜，允為上品，一問之下，果然是採用野生活白鰻，入店後才宰殺。「炒鯊魚皮」用黃豆豉、芹菜、蔥段和辣椒快炒，那魚皮很厚實，微辣的口感，軟腴而充滿彈性，送入嘴裡，好像舌頭之上又多了一塊舌頭。「煎旗魚腹」用傳統的臺灣家常技法：以醬油、蒜苗、薑、辣椒煎製，油脂不多，口感紮實，咀嚼間彷彿回到了從前。只入滾水燙過的「角螺」，有效挽留了螺肉的滋味，蘸店家特調的醬汁吃，十分鮮美，一入口，忽然輕拂海洋的氣息。

北海岸「海龍珠」自有大停車場，賣場不小，有能力接待大批團客。門口的大型水族箱有各種活魚、蝦、蟹，門內的巨型冰櫃擺滿了海產，顯然流動率很高。來客率也很高，原因是平價，物美而價廉永遠是生意興旺的準則。雖曰海產店，以海鮮為號召，這裡的鹽焗雞鮮嫩多汁，點食率頗高。招牌之一是龍蝦料理，我略微觀察，幾乎每一桌都不會錯過。龍蝦可謂臺灣海產店的標準配備，或清蒸或生吃，蝦頭則多用來煮味噌湯，此店較特別的是作成「龍蝦三明治」。「烤魚排刺」亦是主力招牌，用的是潮鯛，每一片都連著整排明刺，先炸再烤，重口味，啃骨頭般，若大口喝啤酒，肯定饒富興味。

我心儀的海產店多得數不完，從童年到中年，簡單質樸的海產越來越難求，我們的海洋也快速衰老，從前跣足在沙灘往往會邂逅螃蟹、海星，現在得穿鞋避免被碎玻璃或針頭刺傷。我生長於高雄市，海是生活的一部分，旗津街上是吃海產的好所在，海灘更是把馬子的絕佳地方。「旗后活海鮮」和「文進活海產」都是我的舊愛。

小港「亞洲海產店」則是我的新歡。海產店最要緊的美德是所有的海產必須新鮮，船釣又優於網撈，亞洲海產店選用在地海產，又多來自海釣船，其貨品之鮮度常處於最佳狀態，無論生魚片、蟹、蝦、貝、螺都透露一種海洋氣息，質樸而簡單。多年前，幾個朋友到高雄餐旅學院開會，林清財教授設宴於此，可能是這裡的海產實在太贊了，同桌一起吃一頓就成為好朋友，像林清財、孫大川、廖炳惠。

最近去上海，陳思和、欒梅健分別宴於「東萊．海上」，這是一家膠東菜館，以海鮮為主調，我對鯊魚皮、活海參刺身、蒿桿炒海腸、海蠣豆腐鍋、海翁螺頭燒肉都印象深刻，尤其清蒸野生鯧魚，非常迷人。吃膠東海鮮時點了一瓶「張裕雷司令乾葡萄酒」，看酒標才知道「雷司令」是葡萄酒品種Riesling，「乾」即dry，雖是Riesling，這款白葡萄酒卻不甜，頗適合搭配海鮮。山東生產品質這麼優的白葡萄酒，令人驚異。這給了臺灣的海產店和農村酒莊的經營者啟示：除了啤酒，酒櫃裡不妨多一些白葡萄酒供選擇。

喝白葡萄酒不能不考慮用餐環境，我衷心嚮往的海產店是可以右手吃海鮮、左手玩海水的情境，餐館或許座落在港邊，瞭望海景；或許就建築於海面上，感覺置身搖盪的甲板上，邊吃邊縱容海濤聲，鼓盪著神思想像和情感。

三叔生前歡喜邀我們到南寮漁港吃海鮮，有時也買一些海產回去自己烹調。南寮漁港廢棄多年後，現在搖身一變，妝扮成休閒漁港，漁產品直銷中心彷彿趕集般摩肩接踵，外面的大草坪、觀景樓、許願鐘、餐館，建築都以藍、白色為主。到了假日，從白天到夜晚，這裡總是擁擠著歡笑的臉孔，喝咖啡，放風箏，騎單車，散步。

南寮漁港的海產店得天獨厚，像「地中海景觀餐廳」即座落於舊港灣，乃舊漁會辦公室改裝，最大的賣點是能眺望海景，餐館外型打造得像一艘藍白相間的遊輪，並髹上「地中海一號」，帶著混搭的異國風情。店主頗有氣魄，將餐館週遭經營得相當優雅：植有棕櫚樹的木橋棧道，燈飾，遮陽傘，吸引了很多新人來這裡拍婚紗。店內除了龐大的水族櫃，還有酒吧，供應現榨果汁和調酒。賣場大，也十分嘈雜，大廳、包廂、宴會廳、露天座位都有服務員忙進忙出。

我帶著幼女雙雙在草坪上放風箏，她興奮的笑聲燦爛了夕陽的天空，令人想疼惜萬物，親愛身旁的人。飽餐一頓海產後，再和她搭乘天鵝造型的腳踏船，盪漾在舊港灣，一輪明月剛好掛在許願鐘上方。

亞洲海產店

地址：高雄市小港區宏平路412號
電話：07-8030240
營業時間：10:00-14:00, 16:00-24:00

深海食堂

地址：臺中市西區美村路1段94號
電話：04-23262649
營業時間：11:00-14:00, 17:00-22:00

地中海景觀餐廳

地址：新竹市南寮街241號
電話：03-5368688
營業時間：10:00-23:00

小張龜山島現撈海產

地址：臺北市遼寧街73號
電話： (M)0927-808693
營業時間：16:30-01:00

土雞城

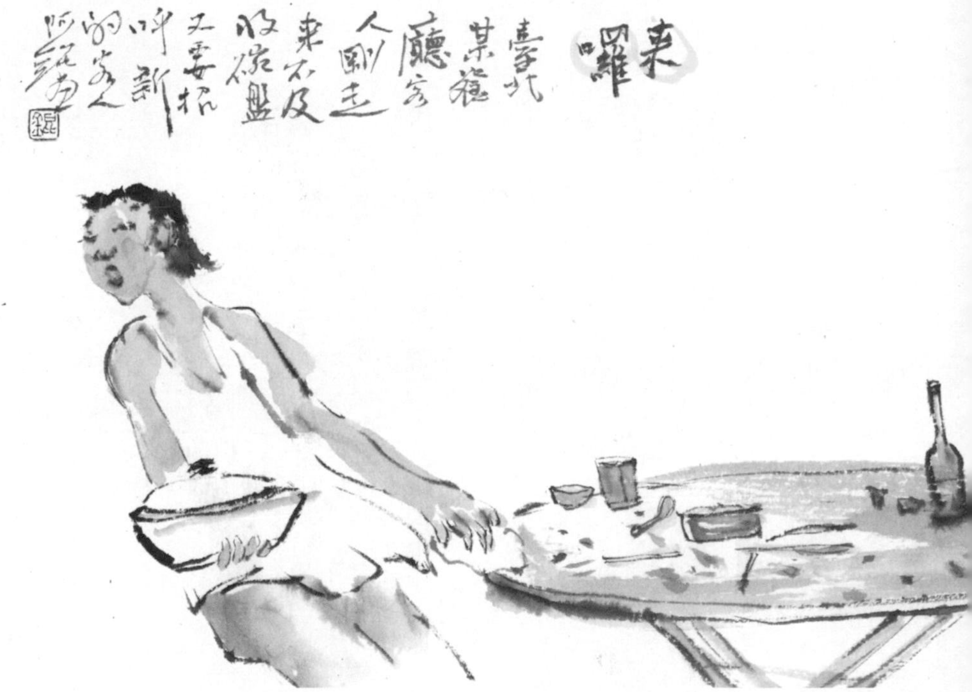

在臺灣，只要略有風景的地方，總是會冒出各種名目的「土雞城」，賣的多是雞膳，外加一點山產，帶著些許野趣。從南到北，我吃過不少土雞城，多半面貌模糊，鮮能留下印象。

明明是賣土雞山產的吃食店，偏偏卻叫「城」。料想這個字眼的發生，是最初某個像水庫這樣的風景區，忽然群聚了若干專賣土雞、山產的小吃店，這些店家比鄰如聚落中之城郭。只木柵貓空一帶，怕有上百家土雞店，儼然形成飲食店的城邦。從前假日休閒，朋友們常吆喝去貓空，登山，喝茶，吃土雞、山產。可我老覺得那些雞多不太「土」，一吃就知道，分明是缺乏運動的肌理。

「野山土雞園」單獨座落在老泉里山上，很有特立獨行的氣魄，熟知者少，生意自然不如貓空的集體氣勢。然則這家店好像會黏人，吃過一次以後，可能會有「除卻巫山不是雲」的感嘆。我也是，來了一次，就不曾再去別家。我在木柵混了二十年，最後定於一尊，歡喜帶朋友來這裡吃飯，來過的朋友也都同意，在方圓幾公里的山區超過一百家店中，料理第一，視野第一。

猶記得SARS在臺北蔓延期間，大家悶在屋子裡多不太敢出門。每逢假日，我就帶家人上山「放風」，在山徑間隨意走走，流點汗，再到「野山土雞園」吃飯，俯瞰臺北市華燈逐漸亮起，終於燦爛在我們用餐的眼前，山風吹來，帶著草木的氣味，在救護車日夜尖叫的危城，這裡予人一種安全感。

木柵老泉里最出名的大概是杏花林，兩甲地的休閒農場，植滿杏花、櫻花，春天時一起怒放，使花朵的美麗產生一種懾人的氣勢。上山時，過了往杏花林的叉路，繼續在山路上彎來彎去，不久就看到「野山土雞園」的招牌，店招對面是一間土地公祠，土地公祠旁邊一條小徑往優劇場，沿途綁著許多登山布條，可往待老坑山、杏花林。擔心會吃太多的人，不妨散步山徑，先消耗熱能，再飽餐一頓。

大凡料理，食材最要緊，新鮮、乾淨的好食材，經過高廚細心烹調，就是美食了。「野山土雞園」土雞是自己養的，蔬菜是自己種的，老闆高智俊先生的廚藝也了得，好吃，是天經地義般的事。白斬雞最能吃出雞肉的原味，我每次必點一盤白斬雞，品味純粹之美。那白斬雞的作法乃是先煮五分鐘，熄火，續燜二十五分鐘。

好雞傳遍附近的山區，我知道貓空頗有一些店家設法要買他們養的雞，卻因數量實在太有限，無法供應其他業者。有一次老闆的弟弟高玉璋鄭重地說：「我家養的雞，晚上都飛到樹上睡覺」，表情充滿了驕傲。

往往是這樣：我明明知道已經點了一大盤白斬雞，其實喝一點竹筍、菜脯煮湯比較不過分，竟都還不由自主地點食雞湯。雞湯到處都有，也普遍受歡迎。此店的雞湯種類多，包括「菜脯竹筍雞」、「鳳梨苦瓜雞」、「山藥雞」、「羊奶頭雞」、「蒜頭雞」、「香菇雞」、「麻油雞」、「燒酒雞」、「金針雞」、「人參雞」……尤其是從山徑散步下來，那湯一碗又一碗地灌下肚，覺得元氣淋漓。

放山雞加天然山泉水煮湯，甘甜中帶點奢華感，同煮的材料也都算健康食物。那雞湯若在露天食用，又充滿野趣。阿俊煮雞湯頗富想像力，有一次我點食燒酒雞，他竟在湯裡擱了幾片羅勒葉，使剛烈的湯散發出意想不到的柔情。

來到這裡，不妨多吃點雞肉。諸如「三杯雞」，這種臺灣名菜作法很簡單，幾乎是鄉野餐館的基本動作。所謂三杯，指的是米酒、醬油、麻油各三分之一杯，加糖、大蒜、辣椒、老薑調味煮材料，待醬汁快收乾，起鍋前加九層塔拌炒即成。烹調手段如此，選擇食材即變通之處。這裡除了三杯雞，尚有三杯軟絲、三杯田雞、三杯山豬、三杯竹雞，我都覺得不錯。

青菜不宜過度烹調，水煮跟生吃一樣都太依賴醬汁。深鍋快炒是我較接受的辦法，由於火力集中，迅速翻炒幾勺即成，乃有效挽留爽脆、鮮甜的口感。

來到「野山」，不能錯過野菜，所有的野菜皆是自產，完全不噴灑任何農藥，予人健康、安全、自然之感，不知是否心理作用？我總覺得這裡的農產品特別甘美。歡喜吃菜蔬的朋友來到這裡，往往興奮溢於言表，最少都會點食三大盤不同的菜，我常吃的蔬菜包括炒紅蔥、紅冠菜、山茼蒿、檳榔花、山芹菜、山蘇、地瓜葉、川七。

夏天到的時候，我彷彿都會感受一種召喚，召喚我上山吃綠竹筍。阿俊種的綠竹筍不算多，也無暇參加比賽，可那筍真甜，真鮮，真脆，彷彿猶帶著仰承天地甘露的氣息。

吃了清淡的菜蔬，再品嘗鹽酥類。油炸也不見得是容易的事，我曾在一家頗為知名的餐館吃招牌「黃金軟殼蟹」，全然沒了螃蟹的鮮美，只餘呆滯的腥味，境界遠遠不如「野山土雞園」的炸溪蝦。炸溪蝦雖然是尋常小吃，「野山」作起來也絕不馬虎，每一隻都裹上太白粉，在大油鍋裡炸到酥脆，風味甚佳，很適合下酒。重點在那一大鍋炸油，乃是自榨的豬油。原來高智俊的阿嬤專賣黑毛豬，豬油取得方便，製作又一絲不荀。這裡的鹽酥類食物不少，我還嚐過溪哥、龍珠、蟋蟀、香魚、田雞、肥腸、鹹豬肉，常來的朋友，不妨偶爾變換口味。我最推薦的是「香酥白鯧」。

山裡的農家，最響亮的招牌菜之一竟是炸白鯧，口耳相傳，熟客來店裡必先預定。先預定，店家才會大清早下山，嚴選最美的深海白鯧，每隻約兩斤，肉質甜美細緻，身材肥得逼人屏息。我在臺北市的餐廳吃白鯧這麼多年，尚不易見到如此白白胖胖的尤物。我有時進廚房，看阿俊將那尤物裹上太白粉，手抓住魚尾，垂直浸入油鍋，慢慢地，好像在試探溫度，唯恐魚燙傷；其實務令劃刀的魚肉如花綻開，並避免魚直接沈淪鍋底，一切還是考慮到美味。

白鯧鞏固了我的美學觀念：肥胖、碩大即是美。大部分的動物過度肥大反而不好吃，如豬、雞、鴨、海鰻……唯有白鯧，一反好萊塢式的厭食症美學，提倡正宗而傳統的肥胖美。

最佳的飯後甜點是炸地瓜。我算是吃過不少炸地瓜了，無論炸地瓜球、薯條、拔絲地瓜……都遠遠不如切大薄片油炸。以脆酥粉、太白粉和蛋調勻的薄麵衣，油炸後呈金黃色膨脹，香甜酥脆，頗能表現地瓜之美。我有時會刻意多點兩份帶回家，冷掉了沒關係，用烤箱稍微加熱即恢復美味。

「野山土雞園」其實是躬耕於山裡的農戶，剛好農產品多，農夫的廚藝又精湛，他的太太兒女都能幫忙外場，我們才有福氣享受到充滿大自然風情的美味。老闆知道我歡喜吃一點辣椒，每次去，只要不太忙，他總是現炒一碟朝天椒來。辣椒之香，經過熱油和大蒜爆炒，拼了老命也要揮汗多吃幾口。

石岡鄉「仙塘跡農園餐廳」四面環山，風景優美，在戶外區吃飯，可以欣賞山野景色；不過夏天時蒼蠅飛來飛去，須時常揮趕，不免惱人。此店的菜色大抵是客家風味。白飯摻地瓜塊煮，在大自然美景中被山風吹拂，吃香噴噴的地瓜飯，最為適配。有些名菜常令我思念：「紫蘇蝦仁」蝦仁餡頗新鮮紮實，外層用紫蘇葉包裹油炸，調味清淡，相當美味。「白斬雞」使用閹雞，附桔醬，那肥雞帶著厚厚的油脂，烹煮時火候控制準確，大塊雞胸肉亦不顯柴。「梅汁過貓」上覆海苔，所澆淋的梅汁味道很美。

山中不免多蚊蟲，臺中大坑「紅瑛庭園餐廳」小黑蚊很多，我來到餐館，服務員就遞來一瓶樟腦油。原先我不以為意，沒想到才幾分鐘就被蚊子叮咬得奇癢難耐。此店的白斬土雞很好吃，真正的土雞，真正的山野滋味。據說老闆從雞市場挑選健康活潑的雞回來飼養，會再經過瘦身階段之後才宰殺，如此這段雞肉才不顯得油膩。既然來到山裡吃飯，不妨多吃點野菜，或砂鍋魚頭。店家都會贈送來客一盤炸地瓜球，雖然是贈品，美味卻不打折扣。

天母山腰間的「古厝茶緣」令我想起大學時賃居在陽明山的農舍。入口處掛著四個書餐館名的紅燈籠，沿石階走下，可見山壁隙罅的蕨草；過一道架在乾溪道上的小橋，橋上掛著一排種植花草的鋁製水壺；再拾級而上，即是這家舊農舍改裝的餐館，店家刻意布置出農村情景：竹材和木質桌椅，古老的家具、爐灶和裝飾，大部分座位在戶外，借景山林，濃厚的大自然氛圍，提供泡茶，吃飯，休憩的所在。門聯上書「阿母辦桌手路菜」，猜想簡母原來是辦桌師傅。食物頗為好吃，以臺菜、客家菜為主，我最驚豔的是麻油猴頭菇和煎白帶魚，那猴頭菇經油炸去除水分後，再用麻油、薑爆香，加入米酒、枸杞略煮，香甜美妙，竟帶著鮑魚的口感。白帶魚煎得赤熟如油炸，有效挽留了魚汁，十分鮮美。此外芥菜雞湯、焢肉、燻雞、鹹豬肉、山苦瓜炒鹹蛋，和清炒山茼蒿、水蓮都很有意思。

大崗山「雷達觀景土雞城」可俯瞰高雄、臺南，近處的稻田，遠處的中山高、南二高、高鐵，更遠處的海峽。此店的雞膳頗為精采，如白斬、鹽焗、三杯、豆乳，和九尾雞湯、剝皮辣椒雞湯，羊肉爐、蒜頭麻油麵線。在這裡吃雞，會想要飲酒，和好朋友痛快暢飲。

在臺灣，那個風光明媚的所在沒有土雞城？陽明山、觀音山、烏來、三峽、金瓜石、虎頭山、關仔嶺、柴山、月世界、阿公店、石門水庫、曾文水庫……我去過的土雞城皆有親友同行，每一餐都留下值得追憶的故事。土雞城是臺灣人的餐飲創意——在景色秀麗的地方，整理自己的家園，經營起小吃店，一定賣雞肉，也賣青蔬野菜；也多提供卡拉OK給大家歡唱，歡迎來客自行攜帶茶葉泡茶，品茗，欣賞美景，表現的是臺灣人靠山吃山的機伶，和生猛有力的文化性格。

野山土雞園

地址：臺北市文山區老泉街26巷9號
電話：(02)2937-9437, 2939-0648
營業時間：週一至週五16:00-22:00,
國定例假日11:00-23:00

古厝茶緣

地址：臺北市天母東山路25巷81弄29號
電話：(02)2873-1081
營業時間：11:30-24:00, 週一休息

仙塘跡農園餐廳

地址：臺中縣石岡鄉萬仙街仙塘坪巷2號
電話：04-25810695, 25823023
營業時間：11:30-14:00, 17:00-20:30

紅瑛庭園餐廳

地址：臺中市大坑里東山路2段光西巷75-1號
電話：04-22398203, 24391452
營業時間：11:00-22:00

雷達觀景土雞城

地址：高雄縣田寮鄉南安村崗安路100-14號
電話：07-6361916
營業時間：08:00-23:00

金門高粱酒

金門高粱酒

酒，金門酒廠出品的高梁酒銷售特佳。能
零售、躉酒持賣許可証，即可販賣菸
臺灣早期以故仔店只要能申請到

我對金門高粱酒用情甚深。

臺灣的菸酒公賣之後，除了菸酒公賣局的酒廠，只有金門酒廠、馬祖酒廠合法，後者的高粱酒知名度遠不如前者。

金門高粱酒的歷史很短，創始人是葉華成先生，先是釀米酒失敗，所研發的高粱酒竟意外成功，一九五〇年遂在自宅成立「金城酒廠」。當時的防衛司令兼福建省主席胡璉將軍嚐到這佳釀，乃請葉華成結束私營釀酒坊，到軍設的「九龍江酒廠」任技術課長。四年後九龍江酒廠易名「金門酒廠」，一九九八改制為「金酒公司」。

金門高粱酒最為人所樂道的是用該島特產的旱地高粱，和舊金城的「寶月泉」水所釀造。釀造之初先以磨碎的小麥作酒麴，糖化澱粉，再和以高粱和大麥，溫控發酵。從金門酒廠到金酒公司，我算是忠實客戶，三十幾年來，持續喝高粱，幾乎喝遍他們家的產品，包括迎賓酒、白金龍、黃龍酒、金剛酒、益壽酒、龍鳳酒和各種紀念酒，尤其迷戀「陳高」。

「陳高」即陳年金門高粱酒，可謂極品高粱酒，是我最喜愛的酒之一，只用來款待「剖腹來相見」的漢子。此酒在地窖中存放五年以上，待熟陳才取出灌裝，使原來的辛辣味酯化得更醇厚更圓融。

我和金門高粱酒結識於生命中最應疼惜的青春年華，那是一九七七年，部隊移防金門後即駐紮坑道裡，那花崗岩坑道冬暖夏涼，可惜潮濕得要命，岩壁頂部和四面不斷滲著水，涓滴匯成地面上的水流，每天都覺得像泡在水裡，棉被、枕頭、衣物、文件……統統都是濕的。老士官長告誡：長期生活在這種地方容易罹患風濕、關節炎，預防之道是睡前喝一小杯高粱酒。在金門的十八個月我大致遵循，漸漸培養出一點酒量，並練就了一身酒膽，以及豁酒拳的功力。

金門高粱酒之美，在於純粹，不摻香料的純粹美感。我對大陸一些名酒不甚了了，近年愛上的「紅星二鍋頭」亦以高粱為原料，按傳統工藝發酵，經清蒸、清燒，長期貯存而成，酒質清亮透明，爽淨、剛烈、濃醇，同屬一樣的純粹美學，一樣深具穿透力，才入嘴，即升起一股暖流，彷彿立刻舒筋活血。

金門高粱酒炮彈般的剛烈性格，堅強地，陪伴我度過一段痛苦的歲月，並安慰了憂鬱落寞的青年。

服兵役的男子，尤其是在離島服兵役，分隔日久，女友難免會移情別戀，失戀似乎是兵營裡的集體經驗。我服役半年後發現已被深愛的女友所拋棄，頓時萬念俱灰，每天沮喪得不想醒來，乃學習藉酒澆愁。不知有多少夜晚，我躺在花崗岩上，聽炮彈在頭頂上呼嘯，以及斷續從廈門傳來的心戰喊話。

總是在深夜，我吞淚灌高粱，似乎幻想醉後能豁達地忘掉一切，或醒來還能再次見到她。如今追憶，我結識金門高粱酒之始，竟帶著養身療效，和精神衛生的功能。

在金門肯定喝了不少，退伍時，那個軍用大背包裡裝的幾乎全是高粱酒。運輸艦返抵高雄港已經半夜，我激動地站在甲板上，緩緩靠近港口燦爛的燈光。

運輸艦在集體的等待中打開艙口，退伍的人潮蜂湧而出。我從船艙躍向碼頭時，一度猶豫，忽然想到阿姆斯壯登陸月球好像是先用左腳著陸；我終於回到家鄉，第一步究竟用左腳著地比較好？抑或右腳？踟躕間兩旁的退伍軍人紛紛躍上碼頭，邁著興奮的腳步快意奔跑。再也來不及思索左腳或右腳了，公平起見，我兩腳同時躍上高雄港的陸地，背著幾十瓶高粱酒在碼頭狂奔。

我在金門痛飲高粱最厲害的一次是遭營輔導長、副連長惡整後，一時悲憤難抑，遂自動步槍上鏜，帶著兩顆手榴彈衝出去欲幹掉他們。我的同袍，和我友誼最篤的同袍何兢武死扯活拖，把我拉去灌高粱酒。我清楚記得喝到爛醉的深夜，如何狂吐又如何爬回坑道，卻不記得高粱酒如何澆熄我的怒火。小武退役沒多久即移民美國，不知何時還能與他共飲高粱？

好像還是昨天的事，我數次重遊這座花崗岩島，看到那些參與過的工事，仍不免感慨。我在那裡服兵役期間，常帶著十字鎬鑿掘各種工事，無論戰壕或野戰醫院，那花崗岩就是硬得鑿不動半寸。

金門高粱酒一開始即以戰爭英雄島的形象包裝行銷，有些酒瓶甚至設計成莒光樓、砲臺型。我愛它酒色清淨，酒味濃冽，帶著花崗岩般的形容，強硬，渾厚，剛毅，組織均勻，且個性分明。我建議金門縣政府將葉華成先生的生辰定為高粱酒節，全島放假一天。

太陽餅

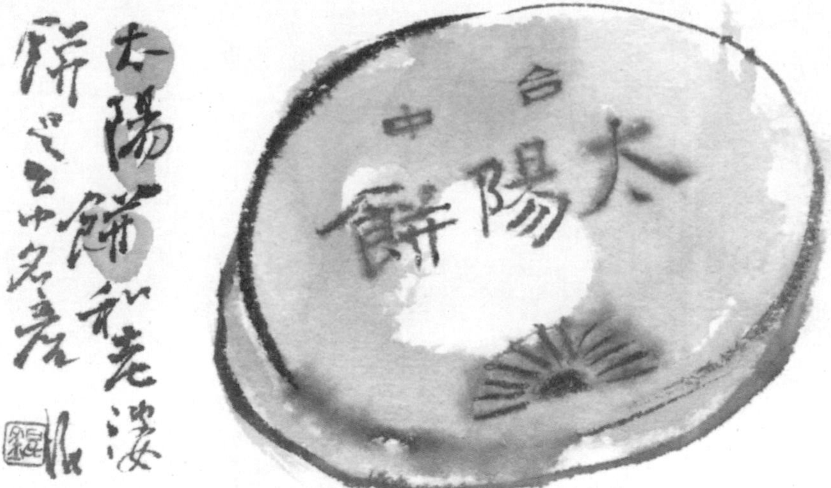

臺中市是太陽餅的故鄉。太陽餅在這裡發明，成為人們的禮品，如今已風行全世界。

從前我們在縱貫線旅行，路過臺中總會暫停休息，總是有人吆喝：「臺中到囉，臺中到囉，人客免著驚，太陽餅款一盒才行」。那種好滋味，陪伴好幾代人一起成長，形成臺灣人的集體記憶。我常想，臺鐵欲強化競爭力，不妨從飲食方面著力，讓每一個地方的月臺便當都有自己的特色，若臺中月臺的鐵路便當能附贈一塊太陽餅或鳳梨酥，肯定讓許多人原諒便當的內容。

在我們居住的球體上，還有比太陽餅或鳳梨酥更好的伴手禮？

太陽餅發明的四〇年代末，物質困乏，通貨膨脹嚴重，臺幣剛改制，糕餅是富裕人家才有的零嘴點心。作法是用麵粉和奶油攪拌，內餡多為麥芽糖或蜂蜜調製。太陽餅又叫「酥餅」，是一種甜餡薄餅，皮要薄，餡要軟，咬下去要酥香甜蜜。由於軟餡屬基本動作，買回家以後千萬別放進冰箱，否則內餡僵硬矣。至於皮，製作技巧在其層數，每一層都極薄，又能入口化掉。

從高速公路下來，中港路上林立著太陽餅店，幾乎每一家的招牌都宣稱是「太陽堂老店」、「自由路太陽堂」，都標榜自己才是正宗，真正繼承了道統。

「太陽堂」是全天下模仿的對象，然則真正的太陽餅老店僅此一家，別無分號。而且從來不宣傳，只靠口碑就名聞天下，它的太陽餅表皮加了豬油揉麵糰，內餡則是麥芽糖調製，入口卻不會黏牙。

臺中的朋友總是提醒：「記得是自由路二段二十三號，二三，很好記。不然你就認明裡面有向日葵的馬賽克壁畫」。太陽餅是理想的茶食，泡茶品咖啡或早餐喝牛奶，佐太陽餅，是對味覺的贊美。

學生靖婷從臺中回學校，帶來一盒「阿明師老店太陽堂」的太陽餅，說是謝謝我推薦她申請到理想的學校，特地買了「我覺得比較好吃且是正牌老店的太陽餅」。

「阿明師老店」和太陽堂只隔了幾間店面，競爭之激烈可以想見。此店信誓旦旦說太陽餅是阿明師發明的，現在由他的義子林祺海先生經營，據說其餅皮有一百二十層，技藝高深，我雖然常吃，卻不曾認真數過，也不計較那一百二十層餅皮到底薄到什麼地步。糖餡是麥芽加蜂蜜，好像加了豬油，口感相當細緻。

太陽餅的歷史雖短，卻不乏起源傳說，其一是農業社會的訂婚禮俗，媒人提親訂結婚日期，帶著圓形的甜餅當伴手禮，人們遂因餅的外形稱之為「日頭餅」；其二，太陽餅圓形的外表中間，常蓋有店家紅色店印，形似太陽。

「阿明師老店」太陽餅的包裝紙上印著一段太陽餅簡史，謂阿明師（魏清海）在一九四九年創立「元明商店」於北屯，乃第一家太陽堂餅店；一九五三年，太陽堂餅店成立於繼光街與民權路上，後來遷移到自由路。

我知道魏清海先生曾是「太陽堂餅店」的糕餅師傅，太陽餅有可能是他任職其間所研發出來的。無論如何，數十年來自由路匯集了許多烘焙業者，已經形成一條美麗的太陽餅街。

我的太陽餅經驗，因而帶著比較的眼光——「太陽堂」太陽餅的餅皮有一種酥脆感，內餡較結實；「阿明師」太陽餅的餅皮較厚；「嘉味軒」鮮奶太陽餅皮的餅皮較薄，內餡較飽足，較綿軟。

「太陽堂」最低調，好像從不廣告，亦不「行銷」，每天打開店門就有絡繹不絕的買餅者。大概如此，價錢上以太陽堂最便宜，一盒十個一百五十元；阿明師一盒二百元；嘉味軒個頭最大，一盒二百二十元。

現代人講究低糖低脂，好餅都不會甜得膩人。不過，離開臺中市，好像難覓好樣的太陽餅，除了豐原「雪花齋」，我去老雪花齋，除了買雪花餅、鹹蛋糕，也會吃吃他們的太陽餅。

鬧得沸沸揚揚的毒奶事件，似乎並未影響到臺中的太陽餅，最近我去「太陽堂」、「嘉味軒」、「阿明師」、「卡但屋」買餅吃，感覺生意還是一樣旺，但願臺灣的經濟體質能像臺中的太陽餅一樣優，勇健地度過風暴。

太陽餅是臺中人的成就，是臺灣人的驕傲，建議臺中市政府妥善規畫，每年固定擇期在自由路上辦太陽餅節，舉行各種賽事、品嚐活動，以嘉年華般的慶典，鼓舞糕餅業者和茶、咖啡商家，並再度繁榮舊市區。

太陽堂餅店

地址：臺中市中區自由路2段23號
電話：(04)2222-2662
營業時間：08:30-20:00

嘉味軒

地址：臺中市模範街12巷5號
電話：(04)2301-2180
營業時間：週一至週六09:00-22:30
週日09:00-14:00

阿明師老店

地址：臺中市中區自由路2段11號
電話：(04)2227-4007
營業時間：08:00-22:30

鳳梨酥

鳳梨酥是臺式伴手禮，我出國都帶著它，這種習慣被家人笑缺乏創意，每次都送一樣的東西，說自己喜歡吃，還要逼朋友吃。

我住木柵十幾年，自食、送禮總是木柵路「麥園」和貓空「天恩宮」的鳳梨酥，前者皮薄餡厚，後者皮厚餡料較少。在鳳梨酥的啟蒙時代，這已經是不錯的選擇。

鳳梨酥的源頭料想是作訂婚喜餅用的「鳳梨餅」，一種大而圓的餅，內餡自然是鳳梨膏。近半世紀才逐漸演變成現在這款樣子。如今市面上製作鳳梨酥，多名不符實，鮮見使用鳳梨果肉製作，大部分用冬瓜膏、鳳梨香精混充。

我很幸運，遷居羅斯福路後，芳鄰有全臺北我最欣賞的「得記」鳳梨酥。得記很厲害，各種烘焙品皆美，其鳳梨酥雖是鳳梨醬摻冬瓜膏，卻調味高明、精細，那凸起幾排粒狀的表皮極酥，卻入嘴就鬆散，內餡隨即開啟不可思議的香甜，含蓄而內斂的微甜。「得記」在臺大對面，算是臺北的老糕餅店了，創業四十八年來，所製麵包型塑了臺大人的集體記憶。

鳳梨酥的製法是先煮過內餡，接著以麵皮包裹餡料定形，再烘烤即成。其原料不外乎鳳梨醬、冬瓜膏、麵粉、奶油、蛋、糖，關鍵在原料的比例，及烘烤火候。加蛋是為了增加外皮的酥度和光澤，優質的成品得外皮酥，內餡不可膩。

好吃的鳳梨酥表皮要夠酥，卻不能逼近脆的地步，這樣才會具備香酥感，又能入口化掉。內餡必須柔軟，帶著鳳梨果肉的甜和酸，甜度不可放縱，其中分寸拿捏存乎一心。例如「費太太」、「世運」的鳳梨酥外皮酥實，奶味濃，可惜內餡過甜。再則，「王師父餅舖」的鳳梨酥皮薄餡厚，風味甚佳；可惜包裝不良又浪費紙漿，那鳳梨酥緊實地塞在硬紙盒裡，要完整取出並不容易，待取出時酥脆的外皮碎裂矣。可見鳳梨酥雖屬小道，要真正做好亦非易事。

奶味那麼濃，實非鳳梨酥正道，新莊老街「老順香餅店」的鳳梨酥就沒那麼濃的奶味，外形呈扁平狀，甚薄，餅皮因塗上蛋液再烘焙而橙亮；皮和鳳梨餡的比例約1:1，餡微酸，微甜，風味很好，而且每個十元。

鳳梨酥的發源地在臺中，發明的時間早於太陽餅。臺中的鳳梨酥像一把烘焙的聖火，甜蜜地傳遍全臺灣，成為臺灣人出國常帶的伴手禮。現在各地皆有好鳳梨酥，諸如「日出」、「咕咕霍夫」、「舊振南」、「顏新發」、「玉珍齋」、「維格」、「佳德」、「小潘」、「梨記」……

論全臺優質鳳梨酥，臺中無疑是一哥。名氣最大、人氣最旺的可能是「俊美」和「聯翔」，兩家的鳳梨酥都有明星般的魅力。俊美所製大概是個頭最小的，不過味道真好。聯翔的鳳梨酥三代同堂，第一代是方形，用透明薄塑膠包裹，簡單素樸，每個十二元；第二代「金旺來」鳳梨酥，改用紙盒包裝，每個二十八元；到了第三代叫「富貴滿堂」，包裝愈精緻，個頭比一般鳳梨酥大一倍，每個四十元，呈橢圓形，有松子、蛋黃兩種口味，令蛋黃、松子的口感和香氣介入鳳梨酥中。聯翔的改變，象徵著鳳梨酥的發展趨勢。

我最心儀的鳳梨酥是「日出」、「咕咕霍夫」和「嘉味軒」。「嘉味軒」的產品內餡選用關廟鳳梨，摻有松子，並添加龍眼花蜜調味。胡志強真會行銷臺中市，馬英九到臺中聽波伽利演唱會，胡市長贈送嘉味軒鳳梨酥，李澤楷、成龍到臺中，也都獲贈此酥。這家店成立二十年了，邇來竟一夕爆紅。

日出的「土鳳梨酥」有別於一般方形鳳梨酥，而是製成圓形，內餡用二號土鳳梨，未添加香精。自從鳳梨有了各種「改良」品種，一種比一種甜蜜，卻越來越缺乏鳳梨味。二號土鳳梨俗稱「二號仔」，其成長過程不使用營養劑和荷爾蒙，最能表現臺灣的鳳梨本色，香，酸，甜，甜而不膩，屬於鳳梨應該有的鳳梨清香。

新鮮的果肉，清楚的果酸，店家說它「近似一種熱帶島嶼的氣息」。是的，我就愛這種老老實實的鳳梨酥，堅持用新鮮鳳梨，削皮、切塊、打汁、熬煮，不用罐頭製品，不用化學香精，不油膩，展現雋永的美學。

我們若在臺中，每天能吃一塊「日出」的土鳳梨酥，喝一杯「歐舍」咖啡，時光彷彿變得悠長，浪漫，生活彷彿有了全然不同的意義。

這幾年，鳳梨酥不僅形狀多變，內容也琳瑯滿目。臺中「金陵蛋糕」的特製鳳梨酥個頭大，上面鋪著杏仁片，每一塊都用金色鋁箔紙包裝，外加金色紙盒，顯得十分貴氣，使它成為鄭重的禮物。「金陵」鳳梨酥包裝盒上註有「汪」記，原來是創業董事長的姓，他原先經營餐館，跨足烘焙業也很成功，此店乃中部鮮奶蛋糕的創始店。

臺北「一之軒」研發的新產品「皇家松露鳳梨酥」，外皮加了松仁、波蘿巧克力，口感接近蛋糕，內餡頗甜，用外皮的微鹹加以修飾。有天，研究生劉芳瑜送我一個，十分美味，當即買了幾個回家，打算和兩個女兒品嘗，不留神竟被提早返家的老婆一口氣全部吃光。可惜這種鳳梨酥頗貴，小小一個要價五十元。

如今鳳梨酥已加入泡菜、乳酪、竹炭、松子、抹茶粉、XO醬、巧克力……餡料，有點不倫不類。加了哈密瓜、櫻桃、龍眼乾、栗子、蔓越梅等餡料固無不可，然則還能叫「鳳梨酥」嗎？

日出

地址：臺中市五權西三街43號
電話：（04）23761135
營業時間：10:00-21:00

咕咕霍夫

地址：臺中市美村路1段68號
電話：（04）23297329
營業時間：09:00-21:00

嘉味軒

地址：臺中市模範街12巷5號
電話：（04）23012180
營業時間：週一至週六09:00-22:30
週日09:00-14:00

得記

地址：臺北市羅斯福路4段26號
電話：（02）23673611
營業時間：07:00-22:00

老順香餅店

地址：臺北縣新莊市新莊路341號
電話：（02）29921639, 29921679
營業時間：09:00-24:00

冰淇淋

祖父母在世的時候夏天消暑的唯一解藥便是黑松可樂及黑松沙士
常為他們到隔壁雜貨店購回當時家住大園鄉下
HE-SUNG
黑松
商標
註冊
DRINK
黑松可樂
黑松可樂

牽著么女雙雙走在淡水老街，加入圍觀的人群，看一個老外在賣「土耳其冰淇淋」，遊戲的成份似乎高於品嘗的成份。雙雙說她也要玩，那老外用長勺裝好冰淇淋遞過來，卻總是在你伸手拿取時，變戲法般，那球冰淇淋忽左忽右忽上忽下，總是玩得消費者尷尬又莞薾。

冰淇淋總是帶著歡樂性質，不知為什麼？吃完冰淇淋總是想唱歌。

我三個親密的女人都嗜冰。秀麗割扁桃腺、生產後，病房的冰箱裡都儲備著幾桶冰淇淋。冰淇淋能令人忘記疼痛。

長女珊珊幼小時，有天我為了討好她，買了一堆「曠世奇派」、「杜老爺甜筒」和「情人果脆冰棒」存放在冰箱，可惜她過敏，媽媽規定暫時不能吃冰，這個乖女孩強忍舔食的衝動，仰望著冷凍櫃，楚楚可憐地央求：

「爸爸，抱我看冰」。

珊珊求學的過程，每次考完試，犒賞自己的方式是，要求媽媽帶她搭捷運到SOGO百貨，也不到處逛逛、購物，直接就去吃一球Häagen-Dazs，吃完抹抹嘴說：「回家吧」。

冰淇淋的意象之於她，幾乎等同於百貨公司。這種冰晶小而柔軟的甜品，以鬆軟、甜美、冰涼的形式和內涵，連接了每個人的記憶，吾人從乳牙吃到假牙，世間大概很難有任何舌頭能抵拒這種綿密細緻的零食。我有時翻閱三個女人的照片，發現比較甜美的表情，多是吃完冰淇淋之後拍的。

早年美國的「福樂」、「三一」冰淇淋，本土的「小美」、「義美」冰淇淋，陪伴我們這一代的成長歲月，尤其中年以上的人，多有追逐單車賣冰淇淋的喇叭聲，也不免會懷念隔壁街坊製冰的馬達聲，這些聲音才是五、六〇年代生活的主調，「反攻大陸」只是夢幻之音。

冰淇淋之所以能獨具綿密細緻的口感，源自裡面的乳脂成份，乳脂含量直接決定冰淇淋的品質，然則高乳脂卻對溫度非常敏感，稍微失控即口感全毀。

「杜老爺」是臺灣中價位冰品的第一品牌，我偏愛其甜筒和曠世奇派，這兩種冰品的開拓性強，充滿想像力和創意。我尤其欣賞其甜筒的外皮，花生結合巧克力，總能表現令人迷戀的香味；加上裡面的冰淇淋，和包覆冰淇淋的脆餅，結構完整，不像一般餅皮容易塌軟，非但能隔絕水分，亦有效延長了香氣，強化了風味。成功的行銷，和絕對的市佔率，使杜老爺甜筒形同錐形餅乾冰淇淋的代名詞。

曠世奇派是我家的常備雪糕，特別是榛果那堤、巧克力兩種口味，冰淇淋之外披覆巧克力，巧克力之外再黏附口感甚佳的餅粒，三層式組合在臺灣的雪糕界中是創舉，甜味的層次豐富。

住家附近有幾間生意興旺的麻辣火鍋店，店門口都擺設巨幅廣告立牌，昭告過往路人：裡面供應有Häagen-Dazs、卡比索、莫凡彼……很多人選擇火鍋店，是以冰淇淋為指標；很多麻辣火鍋店唯一的美德，是無限量供應這些名牌冰淇淋，雙雙就是為了冰淇淋才愛上火鍋的。我經驗過不少糟糕的麻辣火鍋店，食材、衛生、口味都粗不可耐，所幸有名牌冰淇淋坐鎮，使人們寬容了火鍋的低劣鄙俗。

「卡比索」是我的新歡，其口感組織細緻，甜度準確，堪稱臺灣冰淇淋的驕傲品牌，它亦屬南僑集團旗下的「皇家可口」，曾代理Häagen-Dazs十年，製造、行銷的經驗豐富，難怪出手不凡。我較常吃草莓、花生巧克力，和「烈火情人冰淇淋」，後者內含蘭姆葡萄、香草與巧克力布朗尼三球冰淇淋，用俄羅斯伏特加與柑橘酒燒至沸騰後點火，澆上巧克力，冰火交融，呈現刺激的味覺感受。

八〇年代，臺灣猶是冰品低度開發市場，每人每年平均消費約在1.1公升上下，遠低於香港的六至七公升。人們只有夏天才吃冰，也無特殊偏好，冰品皆在三元至五元之譜。

臺灣位處亞熱帶，吃冰若吃飯。如今，價格貴了，冬天也時興吃冰淇淋了。這幾年，臺灣的冰品日新月異，種類之夥，口味之繁，足以傲視世界上的冰品先進國家。西門町冰店「雪王」成立於一九四七年，雖是老品牌，精神卻非常前衛，堪稱冰淇淋界的激進份子，研發了一些奇特的口味如九層塔、麻油雞、米糕、苦瓜、肉鬆、金門高粱，達七十三種，我和我的三個女人傾向西瓜、水蜜桃、大紅豆口味。

冰淇淋的製作和原料簡單，可謂一種簡單的幸福，它提醒世人：幸福感是容易達到的。名牌冰淇淋的魅力，不僅常駐自助式火鍋店，更早已從超市攻佔各種餐館、咖啡廳、五星級酒店、KTV，和各種主題樂園，好像有笑容的地方，就有冰淇淋。

杜老爺

品項：曠世奇派、特級甜筒、情人果脆冰棒

Salt & Bread卡比索俄羅斯餐廳

地址：臺北市永康街6巷13號
電話：（02）3322-2345
營業時間：週一至週五10:30-23:00
週末09:30-23:00

雪王冰淇淋

地址：臺北市武昌街1段65號
電話：（02）2331-8415
營業時間：12:00-22:00

囍
臺灣古早味
雙囍茶杯
具民俗普羅趣味

二奶咖啡

大家約好要去「溪洲樓」吃魚，康來新說時間還早，不如先去「大溪湖畔」喝咖啡，聊天，欣賞美景。

大溪湖畔在石門水庫岸邊，俯瞰阿姆坪最寬闊的水湄視野，露天咖啡座隔水正對著雙峰，是那種令人一眼就陶醉的風景。我點了一杯該店的招牌「二奶咖啡」，其他人都點水果茶。

這杯咖啡以義式濃縮咖啡為底，咖啡上用鮮奶、奶油製成女人的乳房形狀，維妙維肖，尖端處各放一粒咖啡豆裝點成乳頭；連附屬甜品也是乳房般的紅豆麻糬，麻糬上也各點綴著一粒葡萄乾。

二奶咖啡剛端來時我只是有點尷尬，橫陳面前的其實是兩對秀美的乳房。附屬的麻糬比較小，也比較「寫意」，相對容易對付，我一口一個很快就塞進嘴裡；可那杯咖啡上的二奶實在太引人遐思了，形狀神似得令人慌張，這杯咖啡令湯匙顯得多餘，令我一時手足失措，不知如何享受。

我甚至能感覺那對秀挺的雙峰充滿溫潤的奶味。

然則我發現楊牧、夏盈盈、康來新，和當時中大的校長劉全生夫婦都打量我，使用鼓舞的眼神示意我品嚐。眼前的山水那麼美，為什麼老看著人和咖啡？我後悔點了這杯咖啡，本來打算趁大家不注意時，攪散那二奶，胡亂把咖啡喝掉。一時遲疑，現在，他們都帶著奇怪的微笑盯著人，我有點自慚猥褻，好像被抓姦在床的淫棍。忽然覺得粼粼波光有點刺眼，亮得眼前的山水浮動起來，不太真確。我彷彿聽到不斷催促的話語。

「喝啊，喝啊，你怎麼不喝？」你們都這樣看著我，我怎麼喝？何況如果直接端杯子喝咖啡，上面的奶不免會沾上了臉，那奶作得太漂亮了，誰忍心摧毀它的形狀？

「你可以先吃咖啡豆啊，或者吸吮，或者舔，或者咬……」

我忘記後來是如何處理那窘境的，也許沒有處理，無論如何我都想不起來那杯二奶咖啡的滋味。

無獨有偶，大溪鄰近和平老街的「溪友緣」最著名的菜「包二奶」，其實就是客家風味菜梅干扣肉的變奏：將三層肉切成約三百公分長的薄片，包裹梅干菜繞成陀螺狀，文火慢燉，成品上綴飾一粒鮮豔粉紅的漬櫻桃，像一粒飽滿欲脹的乳房。

餐館主人挪用時下流行的臺商語彙，創造了這杯性感咖啡，和那道脹奶般的梅干扣肉。我總覺得，二奶咖啡、包二奶代表臺灣人獨特的生猛幽默感。

大溪湖畔

地址：桃園縣大溪鎮復興里湳仔溝21號
電話：（03）3888853
營業時間：平日09:00-20:30，
假日08:00-20:30

溪友緣

地址：桃園縣大溪鎮仁愛路9號
電話：（03）3877769
營業時間：12:00-14:00, 17:00-22:00

附錄

本書推薦餐飲小吃

天婦羅

（天婦羅、甜不辣、關東煮和黑輪）

地址：基隆廟口第16號攤
營業時間：11:00-21:00

吳家鼎邊趖

（鼎邊趖）

地址：基隆市仁三路廟口27-2號攤
電話：02-24237027
營業時間：11:00-24:00

邢記鼎邊趖

（鼎邊趖）

地址：基隆市仁三路廟口27-3號攤
電話：02-24260043,
(M)0937-865733
營業時間：14:30-01:00

碳燒蚵仔煎

（蚵仔煎）

地址：基隆市仁三路廟口36號攤
營業時間：11:00-24:00

紀家豬腳原汁專家

（白湯豬腳）

地址：基隆市愛四路29號前
電話：02-24250853
營業時間：16:00-02:00

林記豬腳原汁

（白湯豬腳）

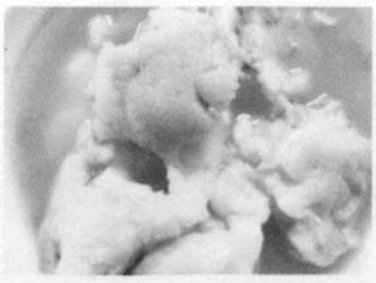

地址：基隆市義二路2巷4號
電話：02-24270229
營業時間：10:00-20:00
週一休息

圳記紅燒鰻羹

（紅燒鰻）

地址：基隆夜市愛四路30號前
營業時間：17:00-24:00

臺北

野山土雞園
（土雞城，綠竹筍）
地址：臺北市文山區老泉街26巷9號
電話：02-29379437, 29390648
營業時間：週一至週五16:00-22:00
國定例假日11:00-23:00

得記
（鳳梨酥）
地址：臺北市羅斯福路4段26號
電話：02-23673611
營業時間：07:00-22:00

老娘米粉湯
（米粉湯）
地址： 臺北市木柵路1段227號
電話：02-22367889
營業時間：16:30-24:00（週日休息）

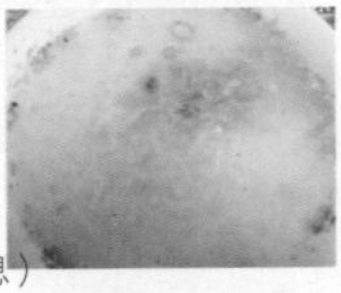

峨嵋餐廳
（客飯）
地址：臺北市羅斯福路3段316巷8弄10號
電話：02-23655157
營業時間：11:00-14:00, 17:00-21:00

巷仔內米粉湯
（米粉湯）
地址： 臺北市景美街117號前
電話：0935-633673
營業時間：17:30-24:00

大福利排骨大王
（炸排骨）
地址：臺北市羅斯福路3段286巷12號
電話：02-23651009
營業時間：11:00-20:30

鵝媽媽
（沏仔麵）
地址：臺北市文山區景美街37-3號
（景美商圈72號攤）
營業時間：12:00-22:30，週一店休

醉紅小酌
（吳郭魚）
地址：臺北市羅斯福路3段240巷1號
電話：02-23678561
營業時間：10:30-14:00, 17:00-21:30

張阿姨豬血糕
（豬血糕）
地址：臺北市景文街69號
電話：0921-957393
營業時間：19:00-22:30

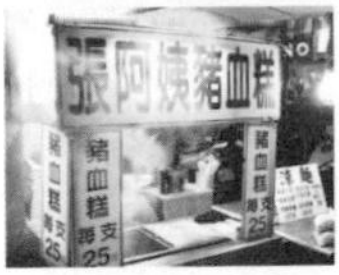

莫宰羊
（羊肉爐）
地址：臺北市新生南路3段28號
電話：02-23691466
營業時間：11:00-14:00, 17:00-01:00

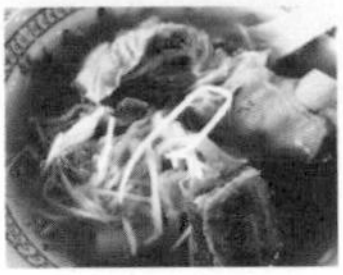

小李豬血糕
（豬血糕）
地址：臺北市中正區羅斯福路4段
136巷1號之3（東南亞戲院前
電話：02-2368-3417
營業時間：16:30-23:30

阿鑫麵線
（大腸麵線）
地址：臺北市師大路39巷8號
電話：02-23633695
營業時間：12:00-00:00

鴨肉扁

（沏仔麵）

地址：臺北市中華路1段98-2號

電話：02-23713918

營業時間：09:30-22:30

烏頂關東煮

（天婦羅、甜不辣、關東煮和黑輪）

地址：臺北市師大路49巷3-1號

電話：02-23686659

營業時間：17:00-23:30

玉林雞腿大王

（炸排骨）

地址：臺北市中華路1段114巷9號

電話：02-23714920

營業時間：11:00-21:00 週一店休

向日葵花園餐廳

（簡餐）（歇業）

地址：臺北市和平東路1段141巷7號之2

電話：（02）2391-9722

營業時間：11:30-01:00

雪王冰淇淋

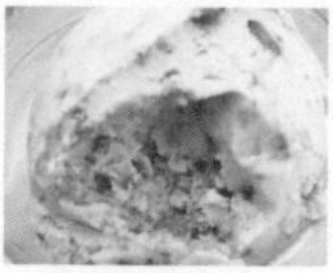

（冰淇淋）

地址：臺北市武昌街1段65號

電話：02-23318415

營業時間：12:00-22:00

阿正廚房

（滷肉飯）

地址：臺北市安和路2段20巷8號

電話：02-27025276, 27025277

營業時間：週一至週日11:30-14:30
17:30-21:30

老艋舺鹹粥店

（鹹粥）

地址：臺北市西昌街117號1樓

電話：02-23612257

營業時間：06:00-14:00

阿宗麵線

（大腸麵線）

地址：臺北峨嵋街8號之1

電話：02-23888808, 23610099

營業時間：11:30-23:30

亞東甜不辣

（天婦羅、甜不辣、關東煮和黑輪）

地址：臺北市西園路1段56號

電話：02-23884259

營業時間：08:10-18:00

美觀園

（臺式日本料理）

地址：臺北市峨嵋街36號，及47號

電話：02-23317000, 23316177
23310377, 23618777

營業時間：11:00-21:00

新東南海鮮料理

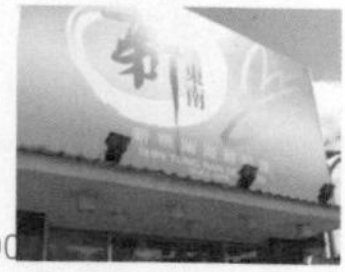

（炒米粉）

地址：臺北市汀州路1段105號

電話：02-23322898

營業時間：11:30-14:00, 17:00-24:00

老王記牛肉麵大王

（川味紅燒牛肉麵）

地址：臺北市桃源街15號

電話：0937-860050, 0919-936811

營業時間：週一至週五10:00-21:00，
週末10:00-20:20

牛爸爸牛肉麵
（川味紅燒牛肉麵）
地址：臺北市忠孝東路4段216巷27弄16號
電話：02-27783075
營業時間：11:00-21:00

清真中國牛肉館

（川味紅燒牛肉麵）
地址：臺北市延吉街137巷7弄1號
電話：02-27214771
營業時間：11:00-14:30, 17:00-21:00

阿里不達太監羊肉爐

（羊肉爐）
地址：臺北市忠孝東路5段558號
電話：02-23465868
營業時間：11:30-01:00

洪師父麵食棧

（川味紅燒牛肉麵）
地址：臺北市建國北路2段72號
電話：02-25006850
營業時間：10:00-03:00

民樂旗魚米粉

（米粉湯）
地址：臺北市民樂街3號
電話：0933-870901
營業時間：06:30-12:30

第一壽司屋

（臺式日本料理）
地址：臺北市南京西路302巷9號
電話：02-25581450
營業時間：11:30-15:00, 17:00-21:00

邱家 台南虱目魚粥

（虱目魚）
地址：臺北市中華路2段307巷
電話：(M)0921-052172
營業時間：06:30-13:00

北海漁村
（炒米粉）
地址：臺北市杭州南路1段8號
（近忠孝東路）
電話：02-23576188, 23576189
營業時間：11:00-14:30, 17:00-21:30

鈺善閣

（素美食）
地址：臺北市北平東路14號1樓
電話：02-23945155
營業時間：11:30-14:00, 17:30-21:00

Salt & Bread卡比索俄羅斯餐廳
（冰淇淋）
地址：臺北市永康街6巷13號
電話：02-33222345
營業時間：週一至週五10:30-23:00，週末09:30-23:00

大來小館
（滷肉飯）
地址：臺北市麗水街13巷2號
電話：02-23567899
營業時間：11:30-14:00, 16:30-22:00

皇家黃牛肉麵

（川味紅燒牛肉麵）
地址：臺北市青島東路9號
電話：02-23943330
營業時間：11:00-20:30

金泉小吃店（賣麵炎仔）

（沏仔麵）

地址：臺北市大同區安西街106號

（永樂國小後門）

電話：（02）2557-7087

營業時間：09:00-17:00

（往往下午兩三點即賣完）

呷二嘴

（筒仔米糕）

地址：臺北市甘州街34號

電話：02-25570780

營業時間：09:00-17:30

阿蘭炒飯

（鐤邊趖）

地址：臺北市保安街49巷內

（慈聖宮口）

電話：(M)0926-099090

營業時間：09:00-16:00

許仔的店

（白湯豬腳）

地址：臺北市保安街49巷17號

（慈聖宮前）

電話：(M)0952-005739

營業時間：10:30-19:30

「葉」記肉粥

（鹹粥）

地址：臺北市保安街49巷32號對面

（慈聖宮前）

電話：(M)0916-836699

營業時間：09:00-16:00

新竹旗魚米粉

（米粉湯）

地址：臺北市延平北路3段83號

電話：02-25854162

京園素食餐廳

（素美食）

地址：臺北市松江路330巷22號

電話：02-25420713, 25434309

營業時間：11:00-14:00, 17:00-21:00

富霸王

（滷肉飯）

地址：臺北市南京東路2段115巷20號

電話：02-25071918

營業時間：11:00-20:30，週日休息

以辣之名

（豬血糕）

地址：臺北市松山區南京東路4段133巷5弄4號

電話：02-25467118, 25467119

營業時間：11:30-14:00, 17:30-22:30

財神臺南擔仔麵

（擔仔麵）

地址：臺北市民生東路新中街6巷1號

電話：02-27611887

營業時間：11:30-21:00，週一休息

古厝茶緣

（土雞城）

地址：臺北市天母東山路25巷81弄29號

電話：02-28731081

營業時間：11:30-24:00, 週一休息

老順香餅店

（鳳梨酥）

地址：臺北縣新莊市新莊路341號

電話：02-29921639, 29921679

營業時間：09:00-24:00

臺北

阿華鯊魚煙

（鯊魚煙）

地址：臺北市涼州街34號

電話：02-25534598

(M)0918-741666

營業時間：11:00-19:00，週一休息

「重」炭燒火炭羊肉爐

（羊肉爐）

地址：臺北市民權東路2段135巷31號

電話：02-25036213

營業時間：16:00-01:00

柴寮仔鯊魚堅

（鯊魚煙）

地址：臺北市涼州街1號前

電話：02-25576170

營業時間：週一至週六 12:00-20:00

老晴光張媽媽切仔麵

（沏仔麵）

地址：臺北市農安街2巷4號

電話：02-25916793

營業時間：週日店休

昌吉紅燒炖鰻

（紅燒鰻）

地址：臺北市昌吉街51號

電話：02-25927085

營業時間：10:30-01:30

忠南飯館

（客飯）

地址：臺北市仁愛路3段88號

電話：02-27061256

營業時間：11:00-14:00, 17:00-20:30

豬屠口昌吉街豬血湯

（豬血湯）

地址：臺北市昌吉街46, 48號

電話：02-25961640

營業時間：10:00-21:00

田園臺灣料理

（炸排骨）

地址：臺北市東豐街2號

電話：02-27014641

營業時間：11:00-14:00, 17:00-21:00

週一店休

好記擔仔麵

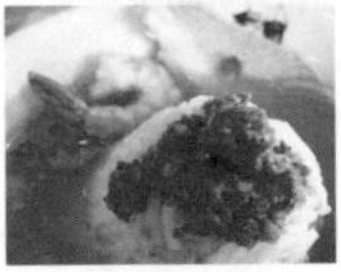

（擔仔麵）

地址：臺北市吉林路79號

電話：02-25215999

營業時間：11:30-03:00

鮮

（海產店）

地址：臺北市北寧路24號

電話：02-25791650

營業時間：11:30-14:00, 17:30-22:00

金吉林家養生蔬菜羊

（羊肉爐）

地址：臺北市吉林路327號

電話：02-25925174

營業時間：17:00-04:00

小張龜山島現撈海產

（海產店）

地址：臺北市遼寧街73號

電話：(M)0927-808693

營業時間：16:30-01:00

臺北

林員大粒肉圓

（肉圓）

地址：臺北縣板橋市府中路104號
（捷運府中站）

電話：02-22727712

營業時間：10:30-20:30

三葉美食海鮮

（紅燒鰻）

地址：臺北縣萬里鄉野柳村港東路74之16號（野柳國小正對面）

電話：02-24923132

營業時間：10:00-21:00

金枝紅糟（素）肉圓

（肉圓）

地址：臺北縣瑞芳鎮基山街63號

電話：0939-093396,02-24969265
24666445

營業時間：10:00-19:00
週六09:00-23:00, 週日09:00-20:00

牧童遙指客家村

（客家小炒）

地址：臺北縣三峽鎮中園街126-21號

電話：02-26728192

營業時間：平日11:00-14:30,17:00-21:30
假日11:00-21:00

杜老爺

（冰淇淋）

品項：曠世奇派、特級甜筒、情人果脆冰棒

舜德農莊休閒餐廳

（綠竹筍）

地址：臺北縣深坑鄉文山路1段62巷35號

電話：02-26648888, 26622952

營業時間：11:00-21:30

青青餐廳

（綠竹筍）

地址：臺北縣土城市中央路3段6號

電話：02-22691127, 22696430

營業時間：11:00-22:00

海堤竹筍餐廳

（綠竹筍）

地址：臺北縣八里鄉觀海大道28號

電話：02-86305688

營業時間：10:300-21:00

霸味

（薑母鴨）

地址：臺北縣三重市重陽路1段98號

電話：02-29877904

營業時間：17:00-02:00

帝王食補

（薑母鴨）

地址：臺北縣板橋市長江路3段132號

電話：02-22530360

營業時間：16:00-04:00

苗栗

福欣園

（客家小炒）

地址：苗栗縣銅鑼鄉福興村中山路62號

電話：037-983345, 981561

營業時間：11:00-14:30, 17:00-21:0

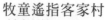

桃園

釀香居

（客家小炒）

地址：桃園縣平鎮市平東路25號

電話：03-4608088

營業時間：09:00-21:00

大溪湖畔

（二奶咖啡）

地址：桃園縣大溪鎮復興里湳仔溝21號

電話：03-3888853

營業時間：平日09:00-20:30

假日08:00-20:30

首烏客家小館

（客家小炒）

地址：桃園縣平鎮市南豐路122號

電話：03-4692979

營業時間：11:00-14:00, 17:00-21:00

溪友緣

（梅乾扣肉）

地址：桃園縣大溪鎮仁愛路9號

電話：03-3877769

營業時間：12:00-14:00, 17:00-22:00

水來青舍

（素美食）

地址：桃園縣觀音鄉大同村12鄰下大崛55-5號（新華路2段442號正對面）

電話：03-4989240

營業時間：10:00-21:00

(19:30後停止供餐)，週一休息

溪洲樓

（吳郭魚）

地址：桃園縣大溪鎮康莊路5段

242巷3號

電話：03-4714878, 4714879

營業時間：週一休息

田園美食屋

（簡餐，川味紅燒牛肉麵）

地址：中壢市中央路216巷8-1號

（中央大學後門）

電話：（03）4203115

營業時間：12:00-14:00,17:00-20:00

百年油飯

（米糕）

地址：桃園縣大溪鎮民權路17號

電話：03-3881681

營業時間：11:00-20:00，週三店休

新竹

地中海景觀餐廳

（海產店）

地址：新竹市南寮街241號

電話：03-5368688

營業時間：10:00-23:00

東德成米粉工廠

（米粉）

地址：新竹市延平一段317巷3弄47號

電話：03-5233530

臺中

牡丹亭
（菜尾湯）
地址：臺中市西區五權西三街37號
電話：04-23755559
營業時間：10:30-22:00

太陽堂餅店
（太陽餅）
地址：臺中市中區自由路2段23號
電話：04-22222662
營業時間：08:30-20:00

元園廖媽媽的店
（菜尾湯）
地址：臺中市文心路3段205號
電話：04-22960667
營業時間：11:00-14:00, 17:00-22:00

嘉味軒
（太陽餅）
地址：臺中市模範街12巷5號
電話：04-23012180
營業時間：週一至週六09:00-22:30
週日09:00-14:00

樹德山莊
（菜尾湯）
地址：臺中市南屯區豐樂里楓樂巷7號
電話：04-23823861
營業時間：17:00-02:00

阿明師老店
（太陽餅）
地址：臺中市中區自由路2段11號
電話：04-22274007
營業時間：08:00-22:30

深海食堂
（魚店）
地址：臺中市西區美村路1段94號
電話：04-23262649
營業時間：11:00-14:00, 17:00-22:00

日出
（鳳梨酥）
地址：臺中市五權西三街43號
電話：04-23761135
營業時間：10:00-21:00

仙塘跡農園餐廳
（土雞城）
地址：臺中縣石岡鄉萬仙街仙塘坪巷2號
電話：04-25810695, 25823023
營業時間：11:30-14:00, 17:00-20:30

咕咕霍夫
（鳳梨酥）
地址：臺中市美村路1段68號
電話：04-23297329
營業時間：09:00-21:00

紅瑛庭園餐廳
（土雞城）
地址：臺中市大坑里東山路2段
光西巷75-1號
電話：04-22398203, 24391452
營業時間：11:00-22:00

臺中肉員
（肉圓）
地址：臺中市復興路3段529號
（近臺中路口）
電話：04-22207138
營業時間：11:00-20:30

臺中

正兆蚵仔煎

（蚵仔煎）

地址：臺中縣豐原市中正路167巷3號

電話：04-25239235

營業時間：11:00-01:30

福宴國際創意美食

（鹹粥）

地址：臺中縣清水鎮中山路18號

電話：04-2622875

營業時間：11:00-14:00, 17:00-21:30

王塔米糕店

（筒仔米糕）

地址：臺中縣清水鎮北寧里中興街30之1號

電話：04-26223299

營業時間：09:00-20:30

彰化

阿三肉圓

（肉圓）

地址：彰化縣彰化市三民路242號

電話：04-7240095

營業時間：11:00-19:00

光華亭

（蚵仔煎）

地址：彰化縣鹿港鎮中山路433號

電話：04-7772003,7772462

營業時間：11:00-21:00

老全豬血麵線

（豬血湯）

地址：彰化縣鹿港鎮第一市場大明路口旁

電話：04-7779589

營業時間：08:00-18:00

嘉義

臺灣省肉品運銷合作社

（自然豬）

地址：嘉義縣朴子市中興路135號

電話：05-3790108

臺南

阿鐵鱔魚意麵

（鱔魚意麵）

地址：臺南市西門路2段352號

電話：06-2219454

營業時間：14:00-21:00

茂雄蝦仁肉圓

（肉圓）

地址：臺南市保安路46號

電話：06-2283458

營業時間：09:30-22:00

老牌鱔魚意麵

（鱔魚意麵）

地址：臺南市中西區沙卡里巴113號攤位

電話：06-2249686

營業時間：11::00-21:00

友誠蝦仁肉圓

（肉圓）

地址：臺南市開山路118號

電話：06-2244580, 0933-333610

營業時間：09:00-20:00

老牛伯仔豬血湯店

（豬血湯）

地址：臺南縣玉井鄉中正路100巷10號

電話：06-5743521

營業時間：05:30-13:00

阿憨鹹粥

（虱目魚）

地址：臺南市北區公園南路169號
（忠義路3段底交口）

電話：06-2218699

營業時間：06:10-13:00

阿美飯店

（菜尾湯）

地址：臺南市民權路2段98號

電話：06-2264706

營業時間：10:00-21:00

高雄

雷達觀景土雞城
（土雞城）
地址：高雄縣田寮鄉南安村崗安路100-14號
電話：07-6361916
營業時間：08:00-23:00

亞洲海產店

（海產店）
地址：高雄市小港區宏平路412號
電話：07-8030240
營業時間：10:00-14:00, 16:00-24:00

花蓮

江太太牛肉麵店
（川味紅燒牛肉麵）
地址：花蓮市中正路128號
電話：03-8320838
營業時間：11:00-14:00,17:00-20:30
每月第二、四週的週二店休

臺東

卑南豬血湯
（豬血湯）
地址：臺東市卑南里更生北路76號
電話：089-229043
營業時間：10:00-19:00

金門

老爹牛肉麵

（川味紅燒牛肉麵）
地址：金門縣金湖鎮武德新莊26號
電話：082-334504, 334980
營業時間：週五休息

金道地
（蚵仔煎）
地址：金門縣金城鎮前水頭15號18支梁
電話：(082)327969, (M)0937-606751
營業時間：09:00-21:00

臺灣菸酒公賣局日治時代稱煙酒
專賣局此招牌係有編号許可証兩只 鯤

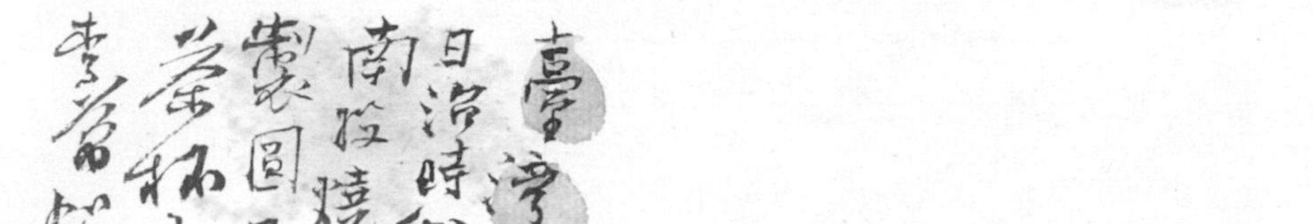
臺灣日治時代南投燒製圓口茶杯己丑
李蕭錕

二魚文化　文學花園　C064

臺灣味道

A Taste of Taiwan: Tasty Taiwan I

作　　者／焦　桐
責任編輯／朱　華
校　　對／邱燕淇
繪圖、題字／李蕭錕
美術設計／蔡文錦

出 版 者／二魚文化事業有限公司
地址　106臺北市文山區興隆路四段165巷61號6樓
網址　www.2-fishes.com
電話　(02)29373288
傳真　(02)22341388
郵政劃撥帳號　19625599
劃撥戶名　二魚文化事業有限公司

法律顧問／北辰著作權事務所，林鈺雄律師事務所

總 經 銷／黎銘圖書有限公司
電話　(02)89902588
傳真　(02)22901658

製版印刷／彩達印刷有限公司
初版一刷／二〇〇九年十二月
再版十四刷／二〇二二年一月
I S B N ／978-986-6490-26-2
定　　價／三八〇元
本書榮獲臺北市文化局獎助

國家圖書館出版品預行編目(CIP)資料

臺灣味道 焦桐 著；-- 初版.-- 臺北市：二魚文化，2009.12〔民98〕
面；　公分. --（文學花園 C 064）
ISBN／978-986-6490-26-2（平裝）

1.飲食　2.文化　3.文集

538.783307　　98020280

題字篆印　李蕭錕

讀者回函卡

二魚文化事業有限公司
www.2-fishes.com　　讀者服務專線：（02）23699022
＊首先謝謝您 買我們的書，希望您看了很滿意。
請撥冗為我們填寫並寄回本服務卡（免貼郵票），即可成為二魚文化的會員，會員可搶先收到二魚文化電子報寄出的各種活動資訊。

姓　　名：

地　　址：

電　　話：

傳　　真：

電子郵件信箱：

出生日期：西元　　　年　　　月　　日

性　　別：□男　□女

身分證字號：

婚姻狀況：□已婚　□未婚　□單身

教育程度：□高中以下（含高職）　□大專　□研究所

職　　業：□學生　□軍警　□公教　□自由業　□大眾傳播　□金融業
□保險業　□銷售業　□資訊業　□服務業　□製造業　□其它

您從哪裡得知本書訊息：□逛書店　□雜誌　□廣播節目　□電視節目
□親友介紹　□廣告信函　□網　路　□其它

您通常以何種方式購書？

□劃撥郵購　□透過網路　□逛書店　□電話訂購　□團體訂購　□其它

您對本書或本公司有何建議：

請填妥後對摺裝訂，直接投郵即可，免貼郵票

廣告回郵
臺灣北區郵政管理局登記證
北台字15467號

106臺北市大安區羅斯福路三段245號9樓之2

二魚文化事業有限公司 收

地址：
電話：

C064

臺灣味道

二魚文化

三角文化